je partien celvrui m Rour

D

88763

LE COMBAT

DU CHRETIEN

PAR St. AUGUSTIN

TRADUIT EN FRANÇOIS AVEC DES NOTES

PAR MONSEIGNEUR
L'EVEQUE DE MARSEILLE

ADRESSÉ AU CLERGÉ SECULIER
& Regulier & aux Fidéles de son Diocése
pour leur instruction.

A MARSEILLE,
Chez la Veuve de J. P. Brebion, Imprimeur
du Roi, de Mgr. l'Evêque & du Collége
de Belsunce. 1738.

LE COMBAT
DU CHRETIEN
PAR SAINT AUGUSTIN,

Traduit en François avec des Notes

PAR MONSEIGNEUR
L'EVEQUE DE MARSEILLE,

Adressé au Clergé Seculier & Regulier & aux Fidéles de son Diocése pour leur instruction.

ENRY - FRANÇ. XAVIER DE BELSUNCE DE CASTELMORON, par la Providence Divine & la grace du Saint Siége Apostolique, Evêque de Marseille, Abbé de l'Abbaye Roya-

A ij

4

le de St. Arnould de Metz &
de celle de Notre-Dame des
Chambons, Conseiller du Roi
en tous ses Conseils : Au Cler-
gé Séculier & Regulier & aux
Fidéles de nôtre Diocése. Salut
& Bénédiction en N. S. JESUS-
CHRIST.

Job
7. 1.

*La vie de l'homme sur la
Terre est un combat continuel.*
Tout consiste à vaincre dans
ce combat, puisque la Couronne de gloire doit être le prix
de la victoire. Mais qu'il est
facile, Mes très-chers Freres,
& qu'il est à craindre d'être
vaincu par cette multitude
d'ennemis redoutables qui nous
attaquent de toutes parts !

Nous avons à combattre
contre les objets sensibles qui
nous environnent, contre nous

Ephes.
6. 12.

mêmes, *contre les Principau-*

tés & les *Puiffances*, contre
les *Princes de ce monde*, *de
ce lieu de tenebres*, *contre les
malins efprits* qui ont conjuré
nôtre perte. La plûpart des
hommes fuccombent dans ces
fortes de combats, parce qu'ils
ne connoiffent ni leurs ennemis, ni la maniere de les vaincre.

Vous fçavés, M. T. C. F.
combien cette ignorance eft
profonde dans le fiécle où
nous vivons, quelqu'éclairé
qu'il foit d'ailleurs dans les
fciences profanes; & vous êtes
tous les jours vous-mêmes les
témoins des plus déplorables
naufrages dans la Foi & dans
les mœurs. Seroit-ce affés pour
nous de gemir fur un malheur
auffi digne de nos larmes, &

ne devons nous pas faire tous
nos efforts pour vous empêcher
d'y tomber ?

C'eſt pour remplir cette
obligation, & dans le deſir de
nous acquitter à vôtre égard du
devoir de Paſteur, même pendant nôtre abſence, que nous
avons traduit en François le
Livre de Saint Auguſtin que
nous vous préſentons aujour-
d'hui. Afin d'en faciliter l'intelligence & d'en rendre la lecture plus utile, nous y avons
ajouté des Notes que nous
croyons propres à vous édifier
& à vous inſtruire. Nous avons
conſacré à ce travail tous les
momens que nous ont laiſſé
libres, les affaires indiſpenſa-
bles qui nous avoient apellé, &
qui nous ont retenu pendant

quelques mois, dans une * fo- * l'Abbaye de N. D. des Chambons, Ordre de Citeaux, Diocése de Viviers
litude refpectable par fon an-
tiquité, & par la piété qui y
regne. Recevez cet Ouvrage
de nos mains, M. T. C. F.
comme une nouvelle preuve
de nôtre zéle pour vôtre falut,
& de nôtre tendreffe pour
vous.

Ce font les inftructions que
St. Auguftin donnoit à fon
Peuple pour lui faire connoître les ennemis du falut, & lui
aprendre à en triompher. Ou
plûtôt, c'eft St. Auguftin lui-
même, c'eft fon efprit, c'eft fa
Doctrine pure, fon éloquence
vive, fon tendre amour pour
l'Eglife, fa folide piété, qui
brillent, qui parlent & qui per-
fuadent dans fon Livre.

Les myftéres de la Religion

& les principes de la Morale y font expliqués de la maniere la plus exacte & la plus précife ; les ennemis qui nous attaquent y font fi bien demafqués, & leurs artifices mis dans un fi grand jour, qu'ils ne peuvent féduire que ceux qui veulent être féduits. Les Hérétiques & les Schifmatiques y font dépeints avec les couleurs les plus vives & les plus naturelles, & ils y font combattus dans un détail, que ceux qui aiment l'Eglife trouveront intereffant ; mais qui pourra peut-être paroître ennuyeux à ceux qui ne regardent pas l'Héréfie & le Schifme, comme les maux les plus contagieux & les plus funeftes.

Puiffent les lumieres & l'autorité de ce grand & Saint Docteur, trouver autant de docilité parmi vous, qu'elles en trouverent dans fon Peuple! Puiffent-elles opérer dans ce Diocéfe les mêmes prodiges qu'elles opérerent autrefois en Afrique, & qu'elles opérent encore dans tout l'Univers!

DONNE' à Marfeille dans nôtre Palais Epifcopal le 2. jour du mois d'Octobre 1738.

✠ HENRY, Evêque de Marfeille.

Par Monfeigneur,

BOYER, *Prêtre & Secretaire.*

LE COMBAT

DU CHRETIEN

PAR SAINT AUGUSTIN.

Traduit en François avec des Notes

PAR MONSEIGNEUR

L'EVEQUE DE MARSEILLE.

CHAP. I.

LA Couronne qui eſt le prix de la victoire, n'eſt promiſe qu'à ceux qui combattent. (*a*) Mille endroits des divines Ecritures nous aſſurent que cette Couronne de gloire nous ſera accordée, **Apoc. 2, 10.** ſi nous (*b*) vainquons l'ennemi. Mais il ſeroit trop long de les raporter dans le détail , & ce que

(*a*) LA Couronne de gloire eſt en même-tems un don de Dieu, & une Couronne de juſtice : un don de Dieu, parce qu'elle eſt le fruit de la Grace, & une Couronne de juſtice, parce qu'elle eſt la recompenſe de nos vertus. Voyez nôtre Inſtruction Paſtorale ſur la Grace.

(*b*) Nous ne pouvons vaincre l'ennemi fans la Grace ; mais la Grace ne triomphe point fans nous. Ce font deux vérités qu'on ne peut féparer fans fe rendre coupable de l'héréfie de Pelage, ou de celle de Luther.

(*a*) Saint Paul acheva fa courfe avec le fecours de la Grace ; ce qu'il exprime ailleurs, en difant: *ce n'eft pas moi, mais la grace de Dieu avec moi.* SED GRATIA DEI MECUM. La Grace prévient le libre Arbitre ; mais le libre Arbitre doit coopérer à la Grace. C'eft pour détruire ce Dogme, fi clairement établi par Saint Paul, que les Traducteurs de Geneve, ceux de Mons & le Pere Quefnel, ont rendu ces mots : SED

nous lifons fur cela dans St. Paul fuffit pour prouver cette vérité de la maniere la plus inconteftable. *J'ai combatu vaillamment*, dit ce grand Apôtre, (*a*) *j'ai achevé ma courfe ; j'ai été fidéle jufqu'au bout. Du refte la Couronne de juftice fe garde pour moi.* Nous devons donc connoître quel eft cet adverfaire qu'il faut vaincre, fi on veut être couronné. C'eft le même ennemi que JESUS-CHRIST a vaincu, & qu'il a vaincu le premier, afin que perfévérant dans fa Grace, nous en triomphions auffi nous - mêmes. La

2. Tim. 4. 7. 8.

GRATIA DEI MECUM, par ceux-ci; *mais la grace de Dieu qui eft avec moi.*

force (a) & la sagesse de Dieu, le Verbe par qui toutes choses ont été faites, le fils unique de Dieu, a toujours la même puissance sur toutes les Créatures. Celles qui ont conservé leur innocence dépendent de lui, à combien plus forte raison (b) celles qui se font renduës criminelles par le péché en dependent-elles aussi ? Et puisque le Seigneur est le maître des Saints Anges, il l'est donc bien plus encore des Anges prévaricateurs & rebelles, dont le

(a) Le Fils de Dieu est apellé la force du Pere, parce que c'est par lui que le Pere a créé toutes choses ; sa sagesse, parce que c'est par lui qu'il regle toutes choses ; son Verbe, parce qu'il est sa parole interieure.

(b) Le souverain Domaine de Dieu est égal sur les bons & sur les méchans. Ce que St. Augustin veut exprimer ici, c'est la difference qu'il y a entre la condition des bons & celle des méchans. Les bons sont soumis à Dieu, comme des enfans vertueux & dociles, au meilleur de tous les peress & les méchans lui

sont soumis, comme des esclaves coupables, à un maître irrité. C'est la servitude des méchans que Saint Augustin a ici en vûë. Ce n'est qu'en ce sens qu'on peut dire que les méchans sont plus dépendans que les bons.

(a) Demon, est un nom qui, selon son étimologie, signifie éclairé : les Payens le donnoient à leurs fausses Divinités, & nous le donnons à tous les Anges rebelles, parce qu'ils se faisoient adorer par les Payens. Mais lorsque ce nom est au singulier, & que rien n'y est ajouté, il signifie Lucifer, le Chef des Anges prévaricateurs. Le nom de Diable qu'on lui donne aussi, & aux autres mauvais Anges, signifie calomniateur.

(b) Nous sommes tous les enfans de Dieu, & néanmoins Jesus-Christ est le Fils unique de Dieu, parce qu'il est le Fils naturel & consubstantiel au Pere, & que nous sommes les enfans adoptifs.

(c) Ces Hérétiques s'attachoient

(a) Demon est le Chef. Mais parce que le Demon avoit seduit la nature humaine, le Fils unique de Dieu (b) a bien voulu s'en revêtir, afin de la faire triompher dans sa personne, & de nous soumettre cet ennemi, sur lequel il exerce toujours un empire absolu. C'est de cet ennemi qu'il parle, lorsqu'il dit : *Le Prince du monde a été chassé.* Ce qui ne signifie pas, comme l'ont faussement prétendu (c) quelques Hérétiques, que le Demon ait été chassé de ce monde, mais qu'il l'a été des esprits & des cœurs de ceux qui unis au Verbe de Dieu, le servent fidélement,

Joan. 12. 13.

& n'aiment point le monde, dont le Demon est le Prince. Il est le Prince du monde, non qu'il en soit le souverain, (*a*) mais parce qu'il regne dans les cœurs attachés aux biens temporels de ce monde visible, qu'il est le Prince des differentes passions qui font desirer tout ce qui passe, & qu'il s'assujettit ainsi ceux qui méprisent le Dieu éternel, & aux paroles de l'Ecriture, & en abandonnoient le sens, parce qu'ils interpretoient les Livres sacrés par leur esprit particulier, & non selon les decisions de l'Eglise. C'est ce qui arrive à tous les Hérétiques. Tous croyent voir leurs erreurs dans l'Ecriture, & tous se plaignent de ce qu'en les condamnant, les premiers Pasteurs ont condamné l'Esprit Saint. Les Hérétiques de ce tems ne cessent de faire de semblables plaintes. Il s'en faut bien cependant que les Textes qu'ils citent puissent paroître, même aux personnes prévenuës, aussi forts en leur faveur que celui-ci ; *Le Prince du monde a été chassé ;* paroissoit formel pour établir l'erreur que Saint Augustin rejette.

(*a*) Quoique nous fassions, Dieu est toujours le seul souverain de nos cœurs. Il ne dépend pas de nous de lui en ôter le souverain domaine par nos crimes ; mais en l'offençant, sans cesser d'être ses sujets, nous devenons les esclaves du Demon.

(*a*) La convoitiſe eſt le deſir des biens temporels. Il n'eſt point de devoir que cette paſſion ne ſacrifie, point de crime qu'elle n'enfante, point de malheur qu'elle n'entraine après elle, & par conſéquent point de maux dont elle ne ſoit la racine.

(*b*) Il n'y a point d'héréſie, de quelque nom qu'elle ſe pare, qui ne naiſſe de quelque paſſion. Un ſi mauvais fruit ne peut venir ni de Dieu, ni de la vertu. On ne doit point ſe

qui lui préferent des biens periſſables & paſſagers. Car *la* (a) *convoitiſe eſt la racine de toute ſorte de maux; & quelques-uns s'y laiſſant aller, ſe ſont écartés* (b) *de la foi, & ſe ſont attiré bien des* (c) *chagrins.* C'eſt de cette convoitiſe que le Demon ſe ſert pour regner ſur l'homme, & pour ſe rendre le maître de ſon cœur. Tel eſt l'eſclavage des amateurs du monde; mais le Demon eſt

1. Tim. 6. 10.

laiſſer ébloüir par le faux éclat des vertus aparentes des Hérétiques; car ſi ces vertus étoient pures, elles n'auroient point laiſſé croitre parmi elles l'héréſie, un des plus mauvais fruits que puiſſent produire les paſſions.

(*c*) Le crime & l'héréſie en particulier, produiſent une infinité d'afflictions, de peines & de chagrins. Tous les Pécheurs ſont tourmentés par leurs paſſions & par leurs remords; les Hérétiques le ſont encore par leur haine emportée contre l'autorité qui les condamne.

chaſſé par ceux qui renoncent de tout leur cœur à ce monde corrompu; & c'eſt renoncer au Demon, qui en eſt le Prince, que renoncer à ſa ſéduction, à ſes (a) pompes & à ſes Anges. C'eſt pour cela que J. C. revêtu de la nature humaine, déja triomphante dans ſa perſonne, nous dit:

Joan. 16. 33. *Sçachés que j'ai vaincu le* (b) *monde.*

(a) Ce que le St. Docteur apelle ici *pompes*, c'eſt le vain éclat dont les faux heureux du ſiécle ſont environnés. Les Anges du monde ſont non-ſeulement les Demons, qui ne regnent ſur les hommes que par l'amour du monde, mais encore toutes les perſonnes ſcandaleuſes qui travaillent par leurs conſeils ou par leurs exemples à faire regner l'eſprit du monde. Saint Auguſtin fait ici alluſion à une cérémonie du Baptême qui fut en uſage dans l'Egliſe dès les premiers ſiécles du Chriſtianiſme, & que l'Egliſe Romaine a religieuſement conſervée. Tertulien qui écrivoit ſur la fin du ſecond ſiécle & pluſieurs anciens Peres, en ont fait mention.

(b) Le monde que J. C. a vaincu n'eſt ni l'Univers qui renferme toutes les Créatures, ni cette terre que nous habitons. C'eſt ce monde pervers qui conſiſte dans les erreurs & dans les paſſions du monde. C'eſt de ce monde dont J. C. parloit, lorſque priant pour ceux que ſon Pere Celeſte lui avoit donnés, il dit: *Je prie pour eux. Je ne prie point pour le monde.* Joan. 17. 9.

B

(a) LA Vulgate porte ; *Ayant désarmé les Principautés & les Puiſſances, il en a pleinement triomphé.* Mais la verſion Syriaque, St. Hilaire, Pacien & St. Ambroiſe liſent comme St. Auguſtin ; *ſe dépoüillant de ſa chair* La Chair du Fils de Dieu n'a jamais ceſſé d'être unie à la perſonne Divine. En ſuivant la leçon de St. Auguſtin , il faut dire que cette expreſſion, *ſe dépoüillant de ſa chair ,* ſignifie ſeulement que l'ame de J. C. a été ſéparée de ſa Chair par la mort.

(b) La liaiſon de cette conſéquence avec le principe eſt plus indubitable que ſenſible. Le raiſonnement peut être ainſi dévelopé ; J. C. a déſarmé les Principautés & les Puiſſan-

2. MAIS il ſe trouve des perſonnes qui nous demandent quelques fois comment il leur ſeroit poſſible de vaincre le Demon qu'elles ne voient pas ; nous leur repondons que nous avons un maître qui a bien voulu nous aprendre lui - même la maniere de triompher des ennemis inviſibles ; car c'eſt de lui que l'Apôtre a dit ; *Que ſe dépoüillant de ſa chair, il a* (a) *déſarmé les Principautés & les Puiſſances , qu'il en a pleinement triomphé par lui-même.* Vaincre les paſſions inviſibles, c'eſt donc vaincre les puiſſances inviſibles, ennemies de nôtre bonheur. D'où (b) il ſuit

CHAP. II.

Coloſſ. 2. 15.

néceſſairement que lorſque nous vainquons interieurement les paſſions qui nous portent à déſirer & à rechercher les faux biens & les plaiſirs trompeurs de cette vie préſente, nous vainquons auſſi celui qui par ces mêmes paſſions regne dans le cœur de l'homme. Lorſque le Tout - Puiſſant en condamnant le Demon lui dit, *Vous mangerés la terre*, il dit en même-tems à l'Homme tombé dans le péché, *vous êtes terre & vous retournerez en terre*. (*a*) L'homme pécheur eſt donc abandonné au Demon pour lui ſervir de nourriture. Ne ſoyons donc point terre, ſi nous ne voulons être un jour de-

Genef. 3. 14.

Ibid. 19.

ces, en ſe dépoüillant de ſa Chair, en mourant ſur la Croix. Nous devons triompher de ces mêmes ennemis en nous dépoüillans des affections & des paſſions de la chair ; ou, ce qui eſt la même choſe, en crucifiant nôtre chair.

(*a*) St. Auguſtin explique ici allegoriquement la ſentence prononcée dans le troiſiéme chapitre de la Geneſe, contre le Serpent & contre l'Homme. C'eſt un excès d'expliquer tout allegoriquement ; mais c'en ſeroit un de rejetter toute explication allégorique. Ces explications allégoriques, ſi fréquentes dans les Saints Peres & dont Saint Paul a donné l'exemple, n'ont rien de commun avec l'impiété & l'extravagance du

Figurifme moderne, employé par les ennemis de l'Eglife pour affoiblir fon autorité.

[*a*] Idée vive mais véritable de l'efclavage du Pécheur. Lorfqu'il fuit les mouvemens de fon orgueïl, de fon impieté & de fes paffions, il eft comme animé par le Demon, & il s'en laiffe mouvoir, comme le corps eft meu par l'ame ; avec cette difference néanmoins, que le corps n'agit point par fon choix & que le Pécheur fuit volontairement & librement l'impreffion du Tentateur.

[*b*] Le Demon eft apellé le Serpent, parce qu'il fe fervit du Serpent pour tenter Eve.

vorés par le Serpent infernal. Car de même que la nourriture que nous prenons devient la fubftance de nôtre corps, & qu'elle forme une même chofe avec lui, de même auffi tout homme vicieux (*a*) devient par la dépravation de fes mœurs, par fon orgueïl, par fon impiété, la même chofe que le Demon; il eft femblable à lui ; il eft en fa puiffance, de la même maniere que nôtre corps dépend de nous, & que nous en fommes les maîtres. Et voilà ce qu'on apelle être devoré par le (*b*) Serpent. Quiconque donc craint d'être un jour condamné au feu éternel qui a été préparé pour

le Demon & pour fes Anges, qu'il
faſſe tous ſes efforts pour triompher
au dedans de lui-même de cet ennemi ; car c'eſt vaincre au dedans de
nous-mêmes les adverſaires qui nous
attaquent au dehors, que de vaincre
les paſſions dont-ils ſe ſervent pour
ſe rendre les maîtres de nôtre cœur,
& entrainer avec eux dans leurs ſu-
plices ceux qu'ils trouvent être ſembla-
bles à eux.

CHAP.
III. 3. **C**'EST ce qui fait dire à l'Apôtre qu'il combat au dedans de
lui-même contre les puiſſances exte-
Ephef. rieures. *Car ce n'eſt pas*, dit-il, *con-*
6. 12. *tre la chair & le ſang que nous avons*
à combattre, mais contre les Principau-
tés & les Puiſſances ; contre les Princes
de ce monde, de ce lieu de tenebres ; contre
les malins Eſprits qui ſont répandus dans
le Ciel. Ce qu'on doit entendre ici par
le Ciel, c'eſt cet air où ſe forment
les nuages, les vents, les tempetes &
les orages. C'eſt ainſi qu'en pluſieurs
endroits des Livres ſacrés, nous trou-
Pſ. 17. vons ces expreſſions : *Le Seigneur a fait*
15. 8. *entendre ſon tonnerre du haut du Ciel...*
8.

Les oiseaux qui volent dans le Ciel... Matt. 6. 26.
Les oiseaux du Ciel... Quoiqu'il soit
clair que c'est dans l'air que volent
les oiseaux. Nous - mêmes, lorsque
nous parlons de l'air, nous l'apellons
ordinairement le Ciel ; car quand nous
demandons si le tems est serain, ou
s'il est obscur, nous nous servons in-
differemment de ces manieres de parler, comment est l'air ? Comment est
le Ciel ? J'ai crû devoir faire en passant
cette reflexion afin que personne ne
puisse s'imaginer que les Esprits malins, c'est-à-dire, les Demons, habitent dans le Ciel, où le Seigneur a placé le Soleil, la Lune & les Etoiles.
C'est d'après les divines Ecritures, qui
apellent Esprits ces
mauvais (*a*) Anges, Ephes. 6. 12.
que l'Apôtre leur en
donne le nom. Il
leur donne aussi ce-
lui de Princes des
tenebres de ce siè-
cle, parce qu'il apel-
le tenebres les Pé-
cheurs, qui sont les
esclaves de ces De-
mons. C'est pour ce-
la que dans un au-

(*a*) Ange, signi-
fie Envoyé. Les De-
mons avoient été
créés pour être les
Envoyés de Dieu.
Ils sont de même
nature que les bons
Anges. C'est le pé-
ché qui les a dé-
gradés.

tre endroit, parlant aux Ephefiens qui de pécheurs étoient devenus juftes, il leur dit : *Autrefois vous* Ephef. 5. 8. *étiez* (a) *tenebres & vous êtes maintenant lumiere en nôtre Seigneur.* Ne penfons

(a) L'Apôtre enfeigne que l'homme en état de péché mortel eft tenebres; c'eft-à-dire, qu'il eft envelopé dans les épaiffes tenebres du péché : mais au milieu de ces tenebres il conferve encore des lumieres naturelles, & Dieu fait briller à fes yeux la lumiere de fa Grace pour le rapeller à lui. Saint Paul dans fon Epitre aux Romains, fait un crime aux fages du Paganifme de ne s'être pas fervi des lumieres de leur raifon pour connoître & adorer le vrai Dieu. Ce que fait le Pécheur en fuivant les regles de la droite raifon & les mouvemens de la Grace, n'eft point œuvre de tenebres. C'eft pour donner atteinte à ces vérités que Quefnel falfifie le Texte de l'Apôtre, en lui faifant dire non-feulement que les Ephefiens étoient tenebres avant leur converfion, mais qu'ils n'étoient que tenebres ; c'eft-à-dire, qu'il n'y avoit dans eux que tenebres, que toutes leurs actions étoient des œuvres de tenebres, & des péchés. C'eft ce que l'infidele Traducteur explique clairement dans la reflexion qu'il fait fur ce Texte. *Que peut on être autre chofe*, dit-il, *que tenebres, qu'égarement & que péché, fans la lumiere de la Foi, fans J. C. fans la charité.* Propof. 48. condamnée par la Bulle *Unigenitus.*

(a) C'eſt l'orgueil qui a fait chaſſer du plus haut des Cieux le Demon avec ſes Anges ; c'eſt l'orgueil qui en ferme l'entrée à une infinité de perſonnes, & en particulier à celles donc point que le Demon habite avec ſes Anges au plus haut des Cieux, (a) d'où la foi nous aprend qu'il a été chaſſé.

qui refuſent d'obéir aux ordres de Dieu, manifeſtés par ſon Egliſe. *Dieu réſiſte aux ſuperbes, & il donne ſa Grace aux humbles.* 1. Epiſt. de St. Pierre 5. 5.

(a) LEs Manichéens reconnoiſſoient deux principes indépendans l'un de l'autre ; le principe du bien & le principe du mal. La Nation des tenebres apartenoit, ſelon eux, au ſecond principe. C'eſt de ce Dogme impie que vinrent toutes 4. TELLE eſt cependant l'erreur des Manichéens. Ils diſent qu'avant la création du Monde il y avoit (a) une Nation de tenebres qui ſe révolta contre Dieu ; & leur aveuglement va juſqu'à

CHAP. IV.

les extravagances qu'ils imaginerent. Les Albigois admettoient auſſi les deux principes, & néanmoins les Miniſtres Proteſtans n'ont pas rougi de placer ces derniers Hérétiques parmi leurs ancêtres.

croire que le (*a*) Dieu Tout - puissant ne pût alors lui resister qu'en envoyant contre elle (*b*) une partie de lui-même ; que (*c*) les Princes de cette Nation rebelle devorerent cette portion de la Divinité, & que par là ils devinrent dans la suite (*d*) assés trai-

(*a*) Il n'est point d'hérésie qui n'attaque quelqu'un des attributs de Dieu. Les Manichéens ne reconoissoient point sa toute puissance. Jansenius & ses Disciples outragent sa justice & sa bonté.

(*b*) Les Manichéens divisoient la Divinité. Ils divisoient aussi leur prétendu principe du mal. Chaque Etre

possedoit, selon eux, une partie de l'un & de l'autre. Ce qui étoit bon étoit une portion de la Divinité, & ce qui étoit mauvais étoit une portion de la Nation des tenebres.

(*c*) Ces Princes de tenebres furent engendrés, disoient les Manichéens, par cinq Elemens qu'ils apelloient la fumée, les tenebres, le mauvais feu, la mauvaise eau, le mauvais vent. C'est ainsi que Saint Augustin explique leur sentiment, qu'il avoit connu par lui-même, ayant eu le malheur d'être engagé dans leur Secte. Voyez son livre *de Hæresibus*. Hær. 46.

(*d*) Ainsi la matiere dont le Monde fût formé étoit dans leur sistême insensé, un mélange de la Divinité & du mauvais Principe. Ce sistéme étoit aussi contraire à la raison qu'à la foi. Mais à qu'elles lumieres ne renonce-t'on pas quand on se livre à l'Hérésie ?

C

(*a*) Cette partie de la Divinité que ces Héretiques difoient avoir été abandonnée à fes ennemis, étoit celle qu'ils imaginoient être mélée dans toutes les créatures, avec la fubftance du mauvais principe, ils la croyoient paffible, parce qu'ils voyoient fouffrir les hommes & les animaux, dans lefquels ils fupofoient qu'il y en avoit une portion.

tables pour que Dieu en pût faire la matiére dont le Monde a été formé. C'eft ainfi qu'ils difent que le Seigneur vint enfin à bout de vaincre ces ennemis, en abandonnant (*a*) une partie de fes propres membres aux peines, aux fouffrances & à une infinité de miféres. Ils prétendent encore que cette portion de la Divinité a été confonduë & unie avec les tenebreufes entrailles de ces Princes foulevés, afin que par ce mélange & par cette union, ils devinffent plus modérés, & que leur fureur fut enfin calmée. Ils ne s'aperçoivent pas que leur Secte porte le facrilége jufqu'à leur propofer comme une vérité de foi, la néceffité où le Dieu tout-puiffant s'eft trouvé de combattre les tenebres, non par le miniftére de quelqu'une des créatures qu'il a tirées du néant, mais par fa propre nature ; ce qu'on ne peut croire fans impieté. Mais cette Secte n'en demeure pas là, elle veut encore que ceux qui ont ainsi été vaincus, soient devenus meilleurs après leur défaite, parce que leur fureur a été apaisée, & que par sa victoire, la nature de Dieu qui les a vaincus, ait au contraire été reduite dans l'état le plus déplorable. A cela ils ajoutent encore que cette partie de la Divinité a perdu par ce mélange son intelligence & sa beatitude, qu'elle est livrée à de grandes erreurs & à de grands maux. Quand même ils diroient après cela qu'elle doit un jour en être délivrée & entierement purifiée, ce seroit toujours une grande impieté & qui attaqueroit la toute puissance de Dieu, que d'avancer qu'une partie de sa Divinité auroit été, pendant un tems aussi considérable, abandonnée à l'erreur & aux souffrances, quoiqu'elle ne se fût cependant renduë criminelle par aucune sorte de péché. Mais portant la témerité à son comble, ces malheureux ne craignent point de soutenir que cette partie de la Divinité ne pourra jamais être délivrée & purifiée toute entiere, & que la portion de la Nature Divine qui ne pourra pas être délivrée, ne fait que multiplier ses

(a) À cet amas monstrueux d'erreurs, d'absurdités, d'impietés & de blasphemes enseignés par les Manichéens, & dans lesquels St. Augustin lui-même avoit donné autrefois, qui pourroit ne pas reconnoître qu'il n'est point d'extravagances & d'impietés dans lesquelles les genies même les plus sublimes ne soient capables de tomber, dès-lors qu'ils n'écoutent plus la voix de l'Eglise, & qu'à ses infaillibles décisions, ils préferent leurs lumieres particulieres? On a dans notre siécle des preuves bien multipliées & bien affligeantes de cette vérité.

chaînes, de sorte qu'elle sera envelopée dans la méchanceté, liée & comme ensevelie avec elle dans le même sépulcre, où sans avoir jamais rien perdu de son innocence, elle sera cependant à jamais dans les peines & gémira éternellement dans cette tenebreuse prison. Voilà les (a) absurdités qu'ils (b) enseignent pour tromper les simples. Mais qui pourroit avoir assés peu de lumieres pour ne pas voir combien fausse & sacrilége est une doctrine

(b) Saint Augustin n'a raporté qu'une partie des Dogmes impies des Manichéens; ils en avoient d'autres aussi affreux, & quelques uns si infames qu'on ne pourroit les entendre sans rougir. Voyez St. Augustin liv. *de Haref.*

qui (*a*) affure que Dieu dans fa toute puiffance a été néceffairement forcé d'abandonner une partie de lui-même, effentiellement bonne & innocente, & de la livrer aux plus grands maux & aux plus honteux oprobres, fans pouvoir jamais enfuite l'en délivrer toute entiere; étant même encore contraint de condamner à une infame & éternelle captivité cette portion de lui-même, qu'il n'aura pas été en fon pouvoir de délivrer? A qui donc (*b*) de tels blafphemes ne paroîtront-ils pas exécrables, & qui

(*a*) Cette maniere d'expliquer la Divinité en détruifoit l'idée, & on ne peut difconvenir que ces Hérétiques, en reconnoiffant deux Dieux, ne favorifaffent l'impieté de l'Atheifme. Il n'y a prefque point d'Hérétiques qui ne foient plus ou moins coupables de la même impieté; car c'eft détruire l'idée de la Divinité, que d'ôter à Dieu quelqu'un des attributs Divins.

(*b*) De tels blafphemes ne paroiffoient point execrables aux Manichéens, parce que l'efprit de parti aveugle jufqu'à faire regarder les blafphemes, comme d'inconteftables vérités. Les Proteftans & les Sectaires, qui ont adopté leur fentiment, croyent glorifier Dieu en foutenant qu'il punit les hommes dans les Enfers pour des péchés qu'ils n'ont pû éviter.

[a] C'est ainfi que les Hérétiques menent peu à peu, & comme pas à pas jufques dans le précipice, les perfonnes qui les écoutent. Ils ne leur découvrent pas d'abord leurs Dogmes impies. Ils fe contentent de faire naître des doutes, qu'ils prennent le foin de fortifier, & ils abufent toujours pour cela de l'Ecriture & des Peres, afin de perfuader aux peuples, qu'en les condamnant, on a condamné l'Ecriture Sainte & les plus grandes lumieres de l'Eglife.

[b] C'est fur ce plan qu'ont été compofés plufieurs Libeles publiez contre la Conftitution *Unigenitus*. Les Exaples y ont ajouté plufieurs Textes des Peres, dont un grand nombre a été falfifié; les autres ne peuvent fervir à juftifier les erreurs condamnées, mais ils peuvent éblouïr & tromper des perfonnes peu inftruites.

pourroit ne pas voir l'horreur & l'impieté qu'ils renferment? Mais ces Hérétiques ne (a) manifeftent pas d'abord à ceux qu'ils engagent dans leur parti ces miftéres d'iniquité. Ils craindroient, avec raifon, de tomber dans un mépris général & de fe voir abandonnés de tout le monde. Ils font (b) le choix de quelques endroits de l'Ecriture qui leur paroiffent propres à éblouïr & à féduire les fimples & les ignorans qui n'en comprennent pas le véritable fens. Ils leur laiffent enfuite (*a*) à en juger par eux - mêmes , & à décider quel eft le principe du mal. Un de ces Textes dont-ils abufent le plus ordinairement , eft celui de l'Apôtre , qui dit que (*b*) *Les Princes de ce fiécle*

Epbef.
6. 12.

(*a*) La voye d'examen , que toutes les Héréfies veulent introduire , flatte toujours des hommes trop prévenus en leur faveur , & donne beaucoup de partifans aux nouvelles Sectes. Elle y répand bien - tôt enfuite la divifion & fait naître une infinité de nouvelles erreurs dans le fein

d'une même Secte. Voyez nôtre Inftruction Paftorale fur les Sermons prechez à Geneve.

[*b*] St. Auguftin explique lui - même ce Texte de St. Paul dans ce même Ouvrage. Le fens naturel de ce paffage , eft que les mauvais Anges font les Princes de ce fiécle, parce qu'ils y regnent & que le fiécle fuit leurs Loix. Ce fiécle eft apellé tenebreux , parce qu'il rejette les lumieres de la Foi, & prefque toujours celles de la raifon. Ce qu'il y a de plus difficile à entendre , ce font ces mots, *in Cœleftibus*. On les explique de differentes manieres, 1°. En traduifant *qui font répandus dans le Ciel* , il faut dire avec Saint Auguftin , que par le Ciel on doit entendre l'air. C'eft l'explication qu'en donne aufti St. Jerôme, & elle eft très - conforme au fentiment des Anciens. 2°. On peut traduire, *nous avons à combattre pour les chofes Celeftes contre les malins Efprits* , en rapor-

tant ces paroles, *in Cælestibus*, à celles qui précedent. C'est ainsi que St. Chrisostome, & Theodoret entendent ce passage. 3°. On peut traduire encore, *les Esprits malins pour les choses Celestes*, c'est-à-dire, qui employent leur malice pour détruire les choses celestes, la saine Doctrine & les bonnes mœurs. 4°. Saint Augustin en raporte ci-après une autre explication, selon laquelle l'Apôtre dit que nous qui sommes dans le Ciel, *in Cælestibus*, nous combattons contre l'Esprit malin. Toutes ces interpretations sont bonnes, & aucune d'elles ne favorise l'erreur des Manicheens.

[a] La curiosité fait aimer la nouveauté, & l'amour de la nouveauté produit l'entêtement. Saint

tenebreux, *les malins Esprits sont répandus dans le Ciel*. Car quand ces imposteurs rencontrent quelques-unes de ces personnes trop peu éclairées pour pénétrer le vrai sens des Divines Ecritures, ils leur citent ce passage, & ils leur demandent d'où elles pensent que peuvent être venus dans le Ciel ces Princes des tenebres? voulant exciter (*a*) leur curiosité par cette interrogation, à laquelle elles ne peuvent répondre. De là ils prennent occasion de leur débiter l'erreur & de les perdre; car il n'y a point d'ignorant qui ne soit curieux. Mais cet artifice ne pourra jamais leur réussir à l'égard de quiconque

quiconque est instruit des principes de la Religion Catholique, & qui joint à la pureté de sa foi des mœurs innocentes & une solide piéte ; il ne sera point embarrassé de leur répondre, quoiqu'il ignore même en quoi consiste leur hérésie ; car on ne peut être trompé lorsqu'on connoît déja (a) ce qui apar-Saint Augustin dans son Livre de l'utilité de la Foi avertit les personnes ignorantes que c'est une grande temerité à des gens qui ne sont point capables de juger des choses par eux-mêmes, de s'éloigner de la voix commune pour préférer le jugement de quelque particulier à celui de la multitude. ... Et que la promptitude temeraire à juger d'une chose, *est une marque d'un esprit mal fait.* La voix publique dont parle ici le Saint Docteur, c'est le commun enseignement des premiers Pasteurs.

(a) Mais comment des ignorans peuvent-ils connoître ce qui apartient à la Foi Catholique, répanduë dans tout l'Univers ? Cela seroit impossible, s'il faloit, en matiere de Religion, se determiner par voïe d'examen, comme le prétendent les nouvelles Sectes ; mais cela est aisé dans les principes de la Foi Catholique. C'est par voïe de soumission à l'autorité infaillible, qu'on doit se determiner. Un ignorant pour connoître ce qui apartient à la Foi, n'a qu'à écouter les premiers Pasteurs ; dont la doctrine est répandue dans tout l'Univers.

D

(*a*) Les Impies attaquent l'Eglife, parce qu'ils en blaf-phement la Divinité & les Myftéres ; les Pécheurs , foit ceux qui font dans fon fein , foit ceux qui ne la connoiffent pas , l'attaquent , parce qu'ils en re-jettent les maximes ; les enfans de l'Eglife qui refufent d'apren-dre ce qu'elle leur enfeigne l'attaquent, parce qu'ils en mé-prifent la Doctrine.

tient à la Foi Chrê-tienne, apellée Ca-tholique , répanduë dans tout l'Univers, & qui toujours con-duite & gouvernée par l'efprit de Dieu , voit en fureté & fans en être allar-mée , les inutiles efforts que peuvent faite contre elle tous les (*a*) Impies & les Pécheurs , & tous ceux même de fes enfans qui négligent d'aprendre ce qu'elle leur enfeigne.

5. PUISQUE l'Apôtre Saint Paul nous avertit , comme nous l'avons déja dit , que les ennemis que nous avons à combattre font les Princes de ce fiécle ténébreux, & les malins Efprits répandus dans les Cieux, & que, comme nous l'avons auffi prou-vé, ce qu'il apelle ici les Cieux , eft cet air le plus proche de la Terre, nous devons donc croire que nous

avons à combattre [*a*] contre le Demon & contre ses Anges, qui aiment à nous inquieter & à troubler notre repos. C'est ce qui fait dire au même Apôtre, dans un autre endroit, que le Diable est *le Prince des Puissances qui sont dans l'air.* On peut prendre cependant dans un autre sens ce qui est dit de ces *Esprits de malice qui sont répandus dans le Ciel.* On peut croire, en effet, que par ces paroles St. Paul n'a point prétendu dire que les Anges prévaricateurs soient répandus dans le Ciel, mais qu'il a bien plûtôt voulu parler de nous, dont-il a dit ailleurs, que *notre commerce est dans le Ciel,* [*b*] afin qu'étant

phes. 2. 2.

Philip. 3. 20.

(*a*) C'est une verité de foi que les Esprits malins tentent les hommes. Les railleries de l'Impie ne peuvent donner atteinte à l'autorité des Livres saints qui nous l'enseignent. Ces Impies sont une preuve qu'on ne peut triompher de ces Esprits formidables que par la vertu de la Croix de J. C.

(*b*) Ceux qui marchent dans l'exacte observation de la Loi de Dieu, sont placés dans le Ciel, en ce sens, que leur cœur y est, selon cette parole de J. C. *où est votre trésor, là sera aussi votre cœur.* Quelques nouvelles traductions portent, *nous vivons déja dans le Ciel comme en étant Citoyens.* Quoiqu'elles n'ayent rien de contraire au sens de l'Apôtre, elles ne sont pas assez litterales. Mons, Quesnel, Sacy, &c.

placés dans le Ciel, c'est-à-dire, afin que marchant dans l'exacte obſervation de la Loi de Dieu, & gardant ſes preceptes ſpirituels, nous combattions courageuſement contre les Eſprits de malice, qui font tous leurs efforts pour nous en arracher. Nous devons donc nous apliquer principalement à con-noître de quelle maniere nous pouvons combattre nos ennemis inviſibles & les vaincre. De peur que quelques inſen-ſés ne s'imaginent que c'eſt contre l'air que nous avons à combattre.

(a) LA mortifi-cation de la chair amortit le feu de la concupiſcence, & par là elle eſt ne-ceſſaire pour vaincre l'ennemi. L'exemple de St. Paul prouve que quelques vertus que l'on ait acqui-ſes, ce ſeroit une dangereuſe & funeſte préſomption de ſe flatter qu'on perſe-verera dans les voies de la juſtice, ſaus mâter ſa chair.

6. LE même Apôtre nous aprend ce que nous devons faire pour cela, lorſqu'il nous dit, *Je combats, non comme battant l'air, mais je* (a) *châtie mon corps & le reduis en ſervitude, de peur qu'après avoir prêché aux autres je ne de-*

CHAP. VI.

1. Cor. 9. 26. 27.

vienne (a) *réprouvé moi-même. . . Soyés*,
dit-il encore, *mes imitateurs comme je le suis de J. C.* De là nous devons conclure que l'Apôtre a lui-même triomphé intérieurement des Puissances du siécle, comme il avoit dit que le Seigneur, dont-il se déclare l'imitateur, en avoit triomphé. Imitons-le donc, comme il nous y exhorte; traitons rudement nos corps, réduisons-les

(a) St. Paul craignoit d'être reprouvé; qui osera après cet exemple présumer encore? Il nous aprend que cette crainte le portoit à traiter rudement son corps. Il étoit bien éloigné de penser que tout motif de crainte soit reprehensible, & son exemple aussi bien que sa Doctrine condamnoit par avance les erreurs avancées sur la crainte, par Quesnel, & proscrites par la Constitution *Unigenitus*.

en servitude, si nous voulons vaincre le monde; car c'est par ses illicites voluptés, par ses pompes, par ses pernicieuses curiosités que le monde peut nous assujettir & nous vaincre, c'est-à-dire, que les criminelles satisfactions que ce monde offre aux amateurs du siécle & de ses biens temporels, captivent leurs cœurs & en font autant d'esclaves du Demon & de ses Anges. Si nous avons renoncé à tout cela, nous avons réduit nos corps en servitude.

Ibid. II. 1.

2. Cor. 2. 14.

Coloss. 2. 15.

(a) LA ſubordi-
nation doit
être parfaite dans
les Chrêtiens. La
chair ne ſera jamais
ſoumiſe à l'eſprit,
que l'eſprit ne le ſoit
à Dieu. C'eſt le ſens
de cet endroit de
St. Auguſtin,

7. MAis com-
me quel-
qu'un pourroit peut
être demander en-
core comment il eſt
poſſible de parvenir
à ſoumettre ainſi ſon
corps & à le tenir
dans cette ſervitude,
dont nous venons
de parler, nous lui répondons qu'on
le concevra aiſément, & qu'on y réuſſi-
ra ſans peine, pourvû qu'on commence d'abord par (a) ſe ſoumettre ſoi-
même volontairement & entierement
à Dieu, dans les ſentimens d'un amour
ſincere; car toutes les créatures, ſoit
qu'elles le veuillent, ſoit qu'elles ne
le veuillent pas, dépendent également
de Dieu leur Seigneur & leur maître.
Nous ſommes cependant exhortés à
ſervir le Seigneur notre Dieu de toute
l'étenduë de nos cœurs, parce que la
ſoumiſſion du juſte eſt volontaire &
que celle de l'injuſte eſt forcée; tous
cependant ſervent à remplir les deſſeins
de la divine Providence. Mais les uns
obéiſſent à ſes ordres comme des en-

fans dociles, & font le bien avec elle; les autres au contraire font (*a*) liés comme des efclaves, & font traités avec juftice. De forte que le Dieu tout - puiffant, le fouverain Seigneur de toutes les créatures, qui, comme le dit l'Ecriture, *créa toutes chofes*, & les créa *très - bonnes*, a tellement difpofé d'elles, que tout ce qu'il fait par raport aux bons & par raport aux méchans, eft toujours bien fait; car ce qui eft fait avec juftice eft bien fait. C'eft avec juftice qu'il

Genef. 4. 31.

(*a*) Les Pécheurs font liés au crime par leur choix, & leur efclavage eft volontaire. Mais en confequence de leurs crimes, ils font liés malgré eux au châtiment, par l'ordre de Dieu. Leur perte vient d'eux - mêmes, & leur châtiment entre dans l'ordre de la Providence, laquelle ne doit point laiffer les crimes impunis. Ce feroit une erreur contraire à la Foi Catholique & injurieufe à la bonté de Dieu, de penfer que Dieu a créé des hommes dans le deffein de les damner, & de les faire fervir à glorifier fa juftice. Selon la Doctrine de l'Eglife Catholique, Dieu

veut fincerement fauver tous les hommes. Il les crée pour les fauver; mais il veut qu'ils obéiffent à fa Loi. S'ils ne rempliffent pas cette condition, c'eft leur faute. Ils doivent être punis felon les loix de la divine Providence, mais ils ne peuvent imputer leur perte qu'à eux-mêmes.

[*a*] Cette néceſſité n'eſt que dans le ſuplice que les méchans ſouffrent néceſſairement & malgré eux, lorſqu'ils ont conſommé leur déſobeiſſance par l'impenitence finale. Il ne tenoit qu'à eux d'éviter ce malheur, & ils n'y ſont tombés que parce qu'ils ont réſiſté à l'Eſprit ſaint. Les deſſeins de Dieu ſont des deſſeins de miſericorde, ou des deſſeins de juſtice. Le Pécheur impenitent refuſe de ſervir aux deſſeins de miſericorde ſur la Terre, il ſervira malgré lui aux deſſeins de juſtice dans les Enfers.

[*b*] Il y a une grande difference entre déſobeir aux Loix du Tout-puiſſant & ſe ſouſtraire à ſes Loix. On leur déſobeit toutes les fois qu'on les viole. Mais pour ſe ſouſtraire à ces Loix il faudroit

donne la beatitude aux bons, & avec juſtice qu'il punit les méchans. Tout ce que fait le Seigneur à l'égard des bons & des méchans eſt donc toujours parfaitement bien fait, parce qu'il fait tout avec juſtice. Les bons ſont ceux qui ſervent Dieu volontairement & de tout leur cœur; & les méchans ceux qui ne ſervent à ſes deſſeins que par (*a*) néceſſité, car perſonne ne peut ſe (*b*) ſouſtraire aux Loix du Tout-puiſſant. Mais remplir la Loi ou ſubir la rigueur de la Loi, ſont deux choſes bien differentes. C'eſt pourquoi les bons font ce que les Loix leur ordonnent

nent de faire , & les méchans , fouffrent les peines portées par les Loix.

8. Ne foyons point furpris fi nous voyons des (a) Juftes pendant le cours de cette vie fouffrir fous le poids de leurs corps bien des maux accablans. On ne fouffre (b) aucun mal lorfque l'on peut faudroit pouvoir les violer impunément. Tout leur eft foumis. Le jufte en leur obéiffant , & le Pecheur en en fubiffant la rigueur.

(a) C'eft ignorer les deffeins de Dieu que de dire que *Dieu n'afflige jamais les innocens.* (Prop. de Baius. Propof. de Quefnel.) C'eft outrager plufieurs grands Saints , & fur tout la Reine des Saints, qui ne fut jamais coupable d'aucune forte de péché, & qui par fes fouffrances merite le titre de Reine des Martyrs.

(b) Il femble qu'il y ait ici une contra-diction. Saint Auguftin dit que les Juftes fouffrent de grands maux, & il dit enfuite qu'on ne fouffre aucun mal lorfque l'on peut dire avec l'Apêtre , *nous nous glorifions dans nos tribulations* , & ce font certainement les Juf-tes qui peuvent le dire. Ainfi il femble que les Juftes , felon le Saint Docteur , fouffrent de grands maux , & qu'ils n'en fouffrent au-cun. Mais il eft aifé de faire difparoître cette aparente contradiction. Les maux que fouffrent les Juftes, font des maux aux yeux de l'homme charnel, & ce font des biens aux yeux de l'homme fidéle, parce qu'ils augmentent la couronne des Juftes & qu'ils les rendent plus femblables à J. C.　　　　　　　E

(*n*) Dans ce texte, premierement, le St. Apôtre nous découvre une véritable gloire dans les afflictions. C'en est une, en effet, que de croitre en vertu & de devenir toujours plus semblables au Fils de Dieu, revêtu de notre chair. Secondement, il explique en quel sens les afflictions sont pour nous un sujet de gloire. Ce n'est qu'autant qu'elles nous conduisent, comme par degrés, à une espérance ferme & à la charité, & qu'elles sont, pour ainsi dire, consacrées par ces vertus. Troisiémement, il distingue la patience de l'épreuve, l'épreuve de l'espérance & l'espérance de la charité, & par là il condamne ceux qui parmi les nouveautés qu'ils débitent, confondent les vertus & n'en reconnoissent aucune autre que la charité. Quesnel Propositions 53. 54. 55. 56. 57. 58.

dire ce que l'Apôtre, cet homme véritablement spirituel disoit de lui-même dans un transport de joye, (*a*) *Nous nous glorifions dans nos tribulations ; sçachant que la tribulation produit la* (b) *patience,*

Rom. 5. 3. & 4.

(*b*) On ne peut exercer la patience que dans l'affliction. L'épreuve ne diffère de la patience que par le plus ou le moins de perfection ; car l'épreuve n'est autre chose qu'une patience ferme, laquelle les plus grandes afflictions & les plus multipliées ne peuvent affoiblir. On pouroit prendre le mot *probatio*, que nous avons traduit par *épreuve*, pour l'aprobation que Dieu donne à la patience ; & alors le sens de l'Apôtre seroit que la patience nous fait aprouver de Dieu, nous rend agréables à ses yeux,

la patience l'épreuve, & (a) l'épreuve l'espérance. Or, (b) l'espérance ne confond point, parce que (c) l'amour de Dieu a été répandu dans nos cœurs par le

(*a*) L'espérance peut être dans nous sans l'épreuve & sans la patience, mais ce n'est pas une espérance ferme & pleine d'une vive confiance, telle que celle que l'Apôtre décrit ici. Rien n'est plus propre à faire naître dans le cœur cette ferme espérance & cette vive confiance que de souffrir beaucoup, que de souffrir constamment & dans le désir de plaire à Dieu.

[*b*] Une espérance telle que celle dont nous venons de parler est un gage assuré du salut, parce qu'elle est fondée sur les promesses de Dieu, & qu'elle en remplit les conditions. Dans les Pécheurs l'espérance n'est point un gage de salut, parce qu'ils ne remplissent pas les conditions prescrites par les promesses sur lesquelles est fondée leur espérance; mais elle ne les trompe point, si c'est une espérance Chrêtienne, parce qu'elle ne leur laisse pas ignorer à quel prix ils peuvent obtenir le souverain bien qu'ils espérent.

[*c*] L'espérance & la charité sont des vertus très-distinguées, qui ont chacune leur acte propre & qui peuvent être séparées, puisque l'espérance subsiste dans le Pécheur après qu'il a perdu la charité; mais une espérance parfaite & qui fait remplir à l'homme les conditions qui lui sont prescrites pour parvenir à la possession du souverain bien n'est jamais sans la charité.

[a] L'Esprit Saint est par tout, parce qu'il est un même Dieu avec le Pere & le Fils ; mais il a été donné aux Justes, & il habite dans eux d'une maniere spéciale par la charité.

(a) *Saint Esprit qui nous a été donné.* Si donc pendant cette vie, sujette à tant de maux, les gens de bien & les justes peuvent non-seulement les suporter avec patience, mais

même s'en réjoüir & s'en glorifier dans l'amour de Dieu, que devons nous penser de la vie qui nous est promise, où nos corps seront exempts de toute sorte de peines ? Les corps des Justes & les corps des Impies ne ressusciteront pas pour la même fin, car il est écrit que, *nous ressusciterons tous, mais que nous ne serons pas tous changés.* Et afin que personne ne puisse penser que ce n'est pas aux Justes que ce changement est promis, mais aux Pécheurs ausquels il est annoncé comme une juste punition de leurs crimes, l'Apôtre poursuit & ajoute, *Et les Morts ressusciteront incorruptibles, & nous autres nous serons changés.*

1. Cor. 15. 51.
Ibid. 52.

[b] L'Apôtre décrit ce changement dans sa premiere Epitre aux Corinthiens, les corps des

(b) *changés.* Telle est donc la destinée des méchans, chacun d'eux se fait tort à lui-même, & ils se nuifent tous mutuellement les uns aux autres; car ils recherchent avec empreffement ce qu'il eft pernicieux d'aimer, ce qui peut leur être facilement enlevé, & ce qu'ils s'enlevent même les uns aux autres dans leurs divifions & dans leurs injuftes pourfuites, & parce qu'ils aiment les biens de la Terre, ceux qui en font dépouïllés font dans l'affliction, & ceux qui s'en emparent font dans la joye. Mais cette joye eft véritablement le comble de l'aveuglement & de la mifére; car de là naiffent & fe multiplient les (a) peines d'efprit & les fouffrances.

Saints reffufciteront, dit-il, *incorruptibles, glorieux, pleins de force & revêtus d'immortalité.* V. 15. 42. 43. 52. 53.

[a] La vie des amateurs du monde, des voluptueux, des impies, eft toujours agitée de mille paffions differentes, & par conféquent toujours malheureufe. Ils fuïent les peines & les afflictions, & elles les pourfuivent par tout. Quand leurs remords ne les accableroient pas, ils feroient déchirés par l'inquietude & par la bizarrerie de leurs défirs. Ils croyent courir au bonheur, & ils ne travaillent, en effet, qu'à fe rendre malheureux. Le poiffon féduit par l'apas & pris à l'ameçon eft une figure bien naturelle d'une ame qui cede à l'attrait des plaifirs & s'abandonne à fes paffions.

C'est ainsi que le poisson se réjoüit, lorsque ne voyant pas l'hameçon, il saisit avec avidité l'apas qui le lui cache, mais lorsque le Pescheur commence à le tirer hors de l'eau, ses entrailles sont d'abord déchirées, & l'apas dont la vûë avoit eu tant de charmes pour lui, devient la cause de sa mort. Tel est le sort des hommes qui font consister leur bonheur dans la possession des biens de la Terre. Ils ont pris l'hameçon, & après l'avoir pris, ils s'abandonnent à eux-mêmes. Mais le tems viendra auquel ils sentiront de combien de maux est suivie la joüissance de ces biens, dont-ils se sont emparés avec tant d'avidité. Ils ne portent aucun préjudice aux serviteurs de Dieu, parce que ceux-ci ne sont point attachés à ce qu'on leur enleve, & que personne ne peut leur ravir ce qu'ils (a) aiment & ce qui les rend heureux. Les souffrances corporelles affligent l'ame du Pécheur, & en font un objet digne de compassion ; mais elles fortifient au contraire, & elles purifient l'ame du Juste. De là vient

(a) Ce que les serviteurs de Dieu aiment, c'est Dieu. C'est un bien qu'ils ne peuvent perdre que par leur choix.

que le méchant homme & les mauvais Anges, fans fçavoir quel eft le bien que le Seigneur retire d'eux, (*a*) fervent cependant fous les ordres de la divine Providence. (*b*) Ils ne font donc point récompenfés felon le mérite des fonctions qu'ils ont remplies ; mais ils font punis felon que leur malice a mérité de l'être.

(*a*) Les Juftes & les Pécheurs fervent fous les ordres de la Providence, ou, felon la force du texte, combattent fous fes étendarts, parce que les uns & les autres glorifient Dieu. Les premiers glorifient fon fouverain Domaine par leur obéiffance, & les feconds fa juftice par leur fuplice.

(*b*) Dieu fe fert fouvent de la malice même des méchans pour accomplir les impénétrables deffeins de fa Providence ; non en leur impofant la neceffité de faire le mal, mais en leur laiffant la liberté de le faire par leur malice. Il fait enfuite fervir à fa gloire les crimes mêmes qu'ils ont commis par leur choix. C'eft ainfi que la cruauté des tyrans a fervi à fa gloire en faifant des Martyrs ; mais il ne récompenfe point dans les méchans ce qu'ils ont ainfi fait pour fa gloire, parce qu'ils n'y ont contribué que fans le fçavoir & par des crimes qu'il leur défendoit de commettre. Il les punit, au contraire, à caufe de leur malice, qui leur a fait méprifer fes Loix. C'eft là le fens de cet endroit de St. Auguftin, qui préfente d'abord quelque obf-

turité. Ce Saint eſt bien éloigné d'enſeigner
que Dieu prédeſtine les méchans au crime,
ou qu'il les laiſſe dans l'impuiſſance de l'éviter. C'eſt lui en impoſer évidemment que de
lui attribuer une erreur auſſi monſtrueuſe.
Voyés nos Inſt. Paſt. ſur la Grace & ſur la
Predeſtination.

---

9. **M**AIs le Seigneur ne contient
pas ſeulement par ſes divines
Loix les Créatures raiſonnables qui aiment à faire des injuſtices, afin que
perſonne n'en ſouffre de leur part ; il
a encore ſoumis à ſes ordres les animaux de tout genre & de toute eſ-
péce ; il les conduit & il les gouverne par les Loix de ſa divine Providence. C'eſt ce qui a fait dire à Jeſus-
Chriſt, *Ne donne-t'on pas deux paſſe-*
raux pour une piéce de la plus petite mon-
noye ? Et cependant il n'en tombe pas un
ſeul à terre ſans l'ordre de votre pere.
Ce qu'il n'a dit que pour nous aprendre que toutes choſes, même celles
qui aux yeux des hommes paroiſſent
être les plus mépriſables, ſont gouver-
nées par la toute puiſſance de Dieu.
C'eſt dans le même deſſein que la
Vérité nous dit encore, que le Pere

Chap.
VIII.

Matt.
10. 29.

Celeſte

Matt.
6. 26.

Ibid.
28.

Matt.
10. 30.

Céleste nourrit les oiseaux du Ciel, qu'il vêtit les lys des champs; & que nos cheveux même sont comptés. Mais parce que Dieu conduit par lui-même les Esprits purs & raisonnables, soit dans les saints Anges, si élevés en dignité, soit dans les hommes qui le servent de tout leur cœur, & qu'il leur laisse le soin de (a) gouverner sous ses ordres le reste de ses créatures; l'Apôtre a pû dire avec vérité que *Dieu ne se soucie point des bœufs*. Nous voyons dans les Livres sacrés que Dieu enseigne aux hommes la manière dont-ils

1. Cor.
9. 9.

(a) Rien de plus propre à faire connoître aux hommes l'étendüe & la douceur de la divine Providence que ce détail où elle entre par raport à toutes les Créatures, quelles qu'elles soient. Mais son principal objet sont les Créatures intelligentes, seules capables de glorifier Dieu dans elles-mêmes. Saint Augustin remarque ici que Dieu les associe en quelque sorte au gouvernement de l'Univers; en leur laissant le soin de gouverner sous ses ordres le reste des Créatures. Cette doctrine est bien oposée à celle que les ennemis de l'Eglise attribuent au Saint Docteur, en lui faisant dire; que l'homme bien loin

de gouverner les autres Créatures, ne peut pas se gouverner lui-même, étant toujours invinciblement determiné au bien ou au mal.

F

(*a*) Envain Dieu enseigneroit - il aux hommes la maniere dont-ils doivent se comporter avec les autres hommes, s'il ne leur donnoit pas un véritable pouvoir de pratiquer ses leçons. Ce seroit de sa part une pure dérision, dont on ne peut le croire capable sans l'outrager. C'est sur ce principe que la Constitution *Unigenitus* a condamné plusieurs Propositions du Livre des Reflexions Morales, & en particulier celles qui parlent des deux alliances,

(*b*) Les Esprits dont parle Saint Augustin sont les Anges & les Ames des hommes. Il ne parle point de nos corps, parce que l'intelligence apartient à l'ame, & que c'est par l'intelligence que nous connoissons

doivent se (*a*) comporter envers les autres hommes, & comment ils doivent servir le Seigneur; mais ils n'ont pas besoin d'instruction sur le soin qu'ils doivent avoir de leurs troupeaux. Ils sçavent, (l'usage, l'expérience, la raison naturelle le leur dictent assés,) ce qu'ils doivent faire pour conduire & conserver leur bétail. Connoissance, cependant, & richesses qu'ils ont reçuës de la libéralité & de la magnificence de leur Créateur. Que celui donc qui peut comprenbre comment Dieu Créateur de toutes choses gouverne toutes les Créatures par le ministére des (*b*) Esprits purs qui exé-

51

cutent ſes volontés dans le Ciel & ſur la terre, parce qu'ils ont été formés par lui, & qu'ils tiennent le premier rang parmi tous ſes ouvrages ; que celui donc qui peut le (*a*) comprendre le comprenne, & qu'il entre dans la joye de ſon Seigneur.

Matt. 25. 21.

Dieu & ſa Loi. Sans elle nous ne pourrions ni nous conduire nous-mêmes, ni gouverner les Créatures qui nous ſont ſoumiſes. L'ame cependant n'eſt pas la ſeule partie de l'homme. Elle eſt unie à un corps qu'elle gouverne & qui lui ſert d'organe. L'ame & le corps peuvent ſubſiſter ſéparés l'un de l'autre, mais l'homme ne peut être ſans leur union.

(*a*) Eſt-il donc ſi difficile, dira-t'on, de comprendre comment Dieu *gouverne toutes les Créatures par le miniſtere des Eſprits purs*, & y a-t'il tant de mérite à le comprendre, que cela ſeul doive nous faire entrer dans la joye du Seigneur ? Saint Auguſtin parle ici d'une connoiſſance dévelopée & pratique. L'opération de la Grace & les ſecrets de la divine Providence entrent dans ſon objet, & c'eſt ce que nous ne connoîtrons bien que dans le Ciel. Pour le connoître ſur la terre d'une maniere ſalutaire, il faut être docile à l'inſpiration de la Grace, & accomplir la volonté de Dieu. Ceux qui connoiſſent ainſi les voyes de la divine Providence entreront dans la joye du Seigneur.

10. SI nous ne le pouvons comprendre tandis que nous demeurons en ce corps mortel, éloignés du Seigneur & comme hors de notre patrie, goutons au moins combien le Seigneur est doux. Le Saint Esprit que nous avons reçû de lui, comme un gage de la certitude de ses promesses, nous fait ressentir les effets de sa douceur & de sa bonté, afin que nous le cherchions & que nous le desirions lui qui est la source de la vie, & que, dans cette source salutaire, innondés & comme enyvrés de l'abondance de ses délices, nous devenions semblables à ces arbres qui plantés proche le courant des eaux, donnent leurs fruits dans leur saison & ne sont jamais dépoüillés de leurs feüilles. Car le Saint Esprit a dit, *Les enfans des hommes espereront étant à couvert sous vos aîles. Ils seront enyvrés de l'abondance des Graces qu'ils recevront dans votre sainte Maison, & vous les ferés boire dans le torrent de vos delices, parce que la source de vie est en vous.* Une telle yvresse n'a rien qui blesse la tempérance, elle ne trouble, elle ne renverse point l'esprit, mais

CHAP. IX.

2. Cor. 5. 6.

Pf. 33. 8.

Pf. 1. 3. & 4.

Pf. 35 8.

elle l'enleve cependant, & elle lui fait perdre le souvenir de toutes les choses de la terre. Mais pour en faire l'expérience, il faudroit pouvoir dire dès à présent, de toute l'affection de son cœur, (*a*) *comme le Cerf dans sa plus grande soif desire avec ardeur les sources des fontaines ; de même, ô mon Dieu! mon ame soupire après vous.*

(*a*) Ces paroles du Prophête expriment les transports d'un amour de desir ou d'espérance, qu'il ne faut pas confondre avec l'amour de charité. L'un & l'autre sont un amour de préferance. Le premier soupire après Dieu, comme après notre souverain bien, auquel tout autre bien doit être sacrifié. Le second se complait en Dieu, comme dans l'objet souverainement aimable, auquel nul autre objet ne peut être comparé. Baïus & Quesnel rejettent le premier de ces amours, & c'est un des Dogmes que l'Eglise a condamné dans leurs Ecrits. Prop. 38. de Baïus. Prop. 44. de Quesnel.

CHAP. X.

11. QUE si (*a*) l'amour du siécle rend peut-être encore nos ames trop foibles & trop languissantes pour pou-

(*a*) LA Grace sanctifiante affoiblit l'amour du monde & toutes les passions, mais elle ne les éteint pas. Ces passions quelque brutales qu'elles soient, dès qu'elles sont combattuës & detestées, ne doivent point nous empêcher d'aprocher de Dieu. Elles doivent au contraire nous engager à recourir à lui pour lui demander la victoire. La Bulle *Unigenitus* établit cette vérité contre la 66. Prop. de Quesnel.

(*a*) Les divines Ecritures font une regle de foi, puisqu'elles contiennent la parole de Dieu. Mais il n'y a que l'Eglise qui soit infaillible en les interpretant. C'est d'elle qu'il en faut aprendre le véritable sens. Quiconque s'écarte de cette regle ne peut manquer de s'égarer. C'est ce que prouve l'exemple de tous les Hérésiarques.

voir gouter combien le Seigneur est doux, soumettons au moins nos esprits à la divine autorité que Dieu a donné aux saintes (*a*) Ecritures, & croyons ce qu'elles nous enseignent *touchant son* Rom. *Fils, lequel lui est né* I. 3. *de la race de David,* (*b*) *selon la chair,* ainsi que parle l'Apôtre ; & dont il est dit dans l'Evangile que *toutes choses* Joan. *ont été faites par lui,* I. 3. *& que de ce qui a été*

(*b*) St. Augustin, dans ses Livres, ne laisse échaper aucune occasion d'inculquer les Dogmes qui de son tems étoient attaqués par les Hérétiques. Les Saints Peres en ont tous usé de même, parce que la Foi est comme la base de toutes les vertus, & que sans elle il ne peut y avoir ni espérance, ni charité. Nous verrons bien-tôt quels étoient les Hérétiques qui refusoient de reconnoître l'humanité de J. C.

fait, rien n'a été fait sans lui ; qui a eu compassion de notre foiblesse, dont-il n'est point (a) l'auteur, mais dans laquelle nous avons mérité de tomber par notre choix; car Dieu a créé l'hõme pour être incorruptible, & il lui a donné le libre arbitre de sa volonté. Car il n'auroit pas été (b) parfait s'il n'avoit obéi aux Commandemens de Dieu que par nécessité & non de sa propre volonté. Nulle vérité, selon moi, plus facile à concevoir. C'est cependant ce que ne veulent pas (c) comprendre des personnes qui ont abandonné la Foi Catholique, & qui veulent encore porter

(a) Dieu auteur de tout bien, ne l'est ni de notre foiblesse, ni du péché. L'un & l'autre sont les funestes effets du choix de l'homme. St. Augustin s'explique ici très-clairement sur ce dogme. Comment s'est-il pû trouver des novateurs assés hardis pour oser faire dire à ce Saint Docteur que Dieu est l'auteur du péché & de ses suites ?

(b) La liberté de l'homme est une perfection. Ceux qui prétendent qu'elle détruit le souverain domaine de Dieu, ne connoissent ni ce que c'est que la liberté, ni l'étendue du domaine de Dieu, ni sa toute puissance.

(c) La liberté de l'homme a été attaquée dès les premiers siécles du Christianisme. Saint Augustin fit un ouvrage exprès pour la défendre , & il la défend dans ses autres ouvrages , toutes les fois que l'occasion s'en présente. Les Hérétiques des siécles suivants n'ont pas craint cependant de publier qu'en combattant le libre arbitre , ils soutenoient la celeste Doctrine de Saint Augustin.

(a) Les Hérétiques en abandonnant la Foi ne renoncent point au nom de Chrêtiens, ils s'éforcent même de se l'aproprier à eux seuls, en donnant aux vrais fidéles des noms qu'ils croyent odieux, & en les accusant de schisme & d'hérésie.

(b) St. Augustin réfute ici une des extravagances du Manicheïsme, qui enseignoit que nos ames étoient des portions du principe du bien , c'est-à-dire , de Dieu,

le nom de (a) Chrêtiens. Car s'ils conviennent avec nous que notre nature ne peut être rétablie dans son premier état qu'en faisant le bien ; il faut nécessairement qu'ils avoüent aussi qu'elle ne peut être affoiblie qu'en faisant le mal. Il ne faut donc pas croire que notre (b) ame soit la même chose que Dieu. Car si elle étoit la même chose que Dieu , elle ne pouroit ni de sa propre volonté , ni par aucune sorte de nécessité être changée & devenir plus mauvaise , Dieu n'étant susceptible d'aucune espéce de changement. C'est ce que comprennent aisément (a) ceux qui n'étant animés d'aucun esprit d'orgueil & de vaine gloire, n'aiment ni à élever de nouvelles questions, ni à entretenir de scandaleuses disputes, ni à parler des choses qu'ils ignorent, mais qui se contenant dans les justes bornes que leur prescrit l'humilité chrêtienne, n'ont de Dieu que des sentimens conformes à son infinie bonté, & qui le cherchent, enfin, dans la simplicité de leurs cœurs.

(a) Tel est le caractere des véritables Enfans de Dieu & de l'Eglise. Humbles, soumis, modestes, ennemis des questions nouvelles & des disputes scandaleuses, ils n'aiment point à parler des choses qu'ils ignorent; ils se contiennent dans les bornes de l'humilité chrêtienne; ils ne cherchent point à dogmatiser; ils écoutent ceux que J. C. a établis pour les instruire & les conduire en matiere de mœurs & de Doctrine.

Joan. 14.

Le Fils de Dieu a donc bien voulu se charger de nos infirmités, *& le Verbe a été fait chair, & il a habité parmi nous*, sans qu'il ait pour cela cessé d'être éternel. Mais il a fait voir, aux yeux des hommes mortels, la même nature que la leur, sujette au changement comme la leur, de laquelle son immuable majesté n'a pas dédaigné de se revêtir.

G

(a) NE se trouve-t'il point de nos jours, comme du tems de St. Augustin, de ces personnes témeraires & insensées qui veulent aprofondir les mystéres les plus impénétrables , & juger de tout sur leurs propres lumieres, ou par celles des Docteurs particuliers qui les séduisent? Qu'ils aprenent du Saint Docteur, du nom duquel ils affectent de se couvrir, que si croire ce qu'elle leur expliquer, c'est qu'elle a l'autorité de le faire. S'ils persistent & s'ils demandent encore, mais n'auroit-il pas été mieux de donner des preuves convaincantes des choses ? Il leur répondra, non ; car tous les hommes ne sont pas capables de raison, & il y a des choses qu'on ne peut entendre sans le secours d'une lumiere divine. Il est très-dangereux de suivre ceux qui nous promettent qu'ils nous feront tout comprendre, parce qu'ils se vantent souvent de sçavoir ce qu'ils ne sçavent pas, & ils nous le persuadent à nous mêmes. *Lib. de util. cred.*

12. IL se (a) trouve dans le monde des personnes assés insensées pour demander si la divine Sagesse ne pouvoit délivrer l'homme de la mort éternelle qu'en se faisant homme, qu'en naissant d'une femme, & qu'en souffrant tous les tourmens que les impies lui ont fait endurer. Nous ré-

l'Eglise leur propose de ne juge pas à propos

pondons qu'il le pou-voit sans doute, mais que tout autre mo-yen qu'il eût pris pour cela, eût éga-lement déplu à ces (*a*) insensés. Car si la lumiere éternelle, qui se fait voir in-térieurement aux yeux de l'ame, ne se fût pas visiblement montrée aux yeux des pécheurs, elle n'auroit pû être aper-çûë par des esprits gâtés & corrompus. Mais le Fils de Dieu ayant daigné nous instruire visiblement lui-même de tous nos devoirs, afin de nous rendre dignes de la possession des biens invisibles qu'il nous promet, le (*b*) mystére de son In-

(*a*) L'insensé ne goûtera jamais les voyes de la sagesse. Ainsi les autres mo-yens qu'eut employé la sagesse divine pour racheter les hommes auroient été censu-rés par l'incredule, s'ils avoient été sou-mis à son examen. Le principe de l'in-credulité est moins dans l'obscurité des mystéres que dans la dépravation du cœur.

(*b*) Les passions des hommes enfan-terent autrefois l'I-dolatrie, chacun voulut adorer ce qu'il aimoit. Elles enfantent aujour-d'hui l'incredulité. Personne ne veut croire ce qu'il hait, c'est-à-dire, ce qui condamne ses mau-vaises inclinations.

carnation déplaît aux avares, ils sont fâchés de ce qu'il n'a pas pris un corps d'or. Il déplaît aux impudiques, ils n'au-

(a) La traduction n'est pas ici litterale, mais elle exprime la pensée de Saint Augustin, qui a voulu dire que les impudiques n'aiment rien de ce qui peut s'oposer à leurs desseins criminels.

(b) C'est dans tous les siécles que les incredules, pour justifier leur incredulité, ont prétendu trouver de l'indécence dans les humiliations du Fils de Dieu. Saint Augustin leur répond que cette objection vient de leur ignorance. Ils ne connoissent point la grandeur du Dieu éternel, & parce qu'ils en jugent par leurs préventions, ils s'imaginent que le Verbe s'est dégradé dans un mystére où sans rien perdre de l'éclat de sa gloire Divine, & sans se dépoüiller d'aucun attribut de

roient pas voulu qu'il fut né d'une femme; (car ils (a) n'aiment qu'à assouvir leur brutale passion.) Il déplaît aux orgueïlleux & aux superbes; ils voyent avec peine que ce Dieu homme ait souffert avec une extrême patience les injures & les affronts. Les délicats & les sensuels ne peuvent aprouver qu'il ait voulu endurer les tourmens les plus cruels. Les lâches & les timides sont épouvantés par sa mort. Mais pour ne pas paroître vouloir prendre la défense de leurs vices, ils disent qu'ils ne blameroient rien de tout cela dans un homme ordinaire, mais qu'ils y (b) trouvent de l'indécence dans le Fils de Dieu. Ces sortes de gens ne comprennent ni ce que c'est que l'éternité d'un Dieu qui s'est fait homme, ni ce que c'est que la nature humaine, qui par un heureux changement a été rétablie dans son premier état de force & de constance, afin que nous (*a*) aprissions du Seigneur lui - même, qu'en faisant de bonnes & de saintes actions nous pouvons guérir de toutes les infirmités que nous avons contractées en commettant le péché. Quoi de plus capable de nous faire connoître l'excès de foiblesse & de misère dans lequel l'homme étoit tombé par sa faute & dont - il est délivré par le secours de Dieu ? Le Fils de Dieu s'est donc fait homme ;

la divinité, il a fait paroître aux hommes l'excès de son amour. Ils ignorent aussi combien profonde étoit la playe que le peché avoit fait à la nature humaine. Rien de plus propre à nous la faire connoître que la grandeur du remede que Dieu y a apliqué.

[*a*] C'est par sa doctrine & par ses exemples que J. C. nous a apris la nécessité des bonnes œuvres. Cette leçon que l'hérésie a voulu anéantir, fut une des fins que le Verbe se proposa en s'incarnant.

comme homme, il a souffert dans son humanité, & ses souffrances sont contre toutes les passions des hommes, un remede dont on ne peut jamais assés concevoir toute la force & toute la puissance. Car quel est l'orgueil qui puisse être vaincu, s'il ne l'est par l'humilité du Fils de Dieu ? Quelle est l'avarice qui puisse être domptée, si elle résiste à la pauvreté du Fils de Dieu ? Quelle est la colere qui puisse être reprimée, si elle n'est calmée par la patience du Fils de Dieu ? Quelle est l'impieté qui puisse être détruite, si elle subsiste encore à la vûë de la charité du Fils de Dieu ? Enfin, quel est l'état d'abatement & de découragement dont on puisse sortir, si la résurrection du corps de N. S. JESUS-CHRIST ne donne pour cela la confiance & la force nécessaire ? Que le genre humain releve ses espérances, qu'il connoisse la grandeur & la dignité de sa nature, qu'il voye quel est le rang auquel il a été élevé parmi les ouvrages de Dieu. O hommes ! qui que vous soyés n'ayés plus de (a) mépris pour vous mêmes : le Fils de Dieu s'est fait hom-

[a] Se méprifer soi-même, c'est s'avilir jusqu'à suivre, comme les bêtes, le

me comme vous. Et vous femmes ne vous méprisés plus auffi : le Fils de Dieu a voulu naître d'une femme. Mais que les (*a*) paffions charnelles ne regnent point dans vos cœurs. Nous devons vivre en J. C. comme s'il n'y avoit point de fexe different l'un de l'autre. Ne foyés point auffi (*b*) attachés aux biens de la terre. S'il étoit avantageux pour vous de les aimer, le Fils de Dieu fait homme les auroit aimés. Ne craignés ni les injures, ni les croix, ni la mort ; fi elles étoient un mal pour les hommes, le Fils de Dieu n'eût pas voulu les fouffrir dans fon humanité. Cette (*c*) morale

honteux inftinct des paffions.

[*a*] Ce n'eft pas affez pour le Chrêtien de conferver fon corps pur. Les paffions charnelles ne doivent point regner dans fon cœur. Tout doit être pur, tout doit être faint dans lui. C'eft faire regner les paffions dans nos cœurs que d'en aimer les objets.

[*b*] L'attachement aux biens de la terre eft le vice dont on fe corrige le plus difficilement, parce que c'eft celui dont on fe flatte le plus aifément de n'être pas coupable.

[*c*] Rien ne prouve mieux la vérité & la divinité de la Religion Chrêtienne, que la promptitude avec laquelle une morale auffi opofée aux anciennes idées & à la nature même, & préchée par douze pauvres Pef-

cheurs fans fcience, fans talens & fans crédit, a été reçûë chez toutes les Nations de la terre, & s'y eft maintenue malgré tous les efforts des impies & toute la cruauté des Tirans.

publiée aujourd'hui par toute la terre, reçûë avec refpect & avec vénération chés toutes les Nations de l'Univers, & à la pratique de laquelle eft attaché le falut de tous ceux qui la fuivent avec fidélité, feroit encore inconnuë dans le monde fi le Seigneur n'avoit pas fait toutes ces actions qui déplaifent aux infenfés. Quel exemple le pécheur orguëilleux daignera - t'il fe propofer de fuivre, pour pouvoir parvenir à la pratique de la vertu, s'il a honte d'imiter celui, dont, avant même qu'il fut né, il a été dit qu'il feroit apellé le Fils du Très-haut, & qui, comme perfonne n'en peut difconvenir, eft aujourd'hui reconnu pour le Fils du Très-haut dans toutes les Nations. Si nous nous eftimons beaucoup nous-mêmes, daignons imiter celui qui eft apellé le Fils du Très-haut. Si au contraire nous nous eftimons peu, ne portons pas, à la bonne heure, nos vûës fi haut, mais ofons prendre au moins les pécheurs & les publicains qui l'ont

imité

imité , pour notre modéle. O remede admirable ! par lequel le Seigneur veut guérir tous nos (*a*) maux : qui diſſipe toutes les enflures, qui rend ſon ancienne force & ſa premiere vigueur à tout ce qui eſt devenu foible & languiſſant, qui retranche tout ce qui eſt ſuperflu, qui conſerve tout ce qui eſt néceſſaire, qui répare toutes les pertes, qui corrige tout ce qui eſt vicieux. Qui oſera à préſent s'élever contre le Fils de Dieu? Quel eſt le (*b*) Pé-

(*a*) Nos maux ſont nos péchés & leurs ſuites. Nos enflures ſont notre orgüeil. Nos foibleſſes conſiſtent dans nos mauvais penchans. Ce qui eſt néceſſaire, c'eſt la grace & la pratique de la vertu. Ce que Saint Auguſtin apelle nos pertes, c'eſt la privation des dons ſurnaturels. Ce qui eſt vicieux, c'eſt la concupiſcence & ſes effets. J. C. a triomphé de tous ces maux ſur la croix.

(*b*) Saint Auguſtin ne met ici aucune exception. Il n'y a, ſelon lui, aucun pécheur qui doive deſeſperer de ſon ſalut *en voyant juſqu'à quel point le Fils de Dieu a bien voulu s'humilier pour lui.* Il n'y en a donc aucun qui ne puiſſe *avoir la confiance de s'aproprier, pour ainſi dire, J. C. ſon amour, ſa mort & ſes myſtéres, comme fait St. Paul, en diſant, il m'a aimé & il s'eſt livré pour moi.* Comparés cette Doctrine de St. Auguſtin, avec la 33. Prop. de Queſnel condamnée par la Conſtitution *Unigenitus.*

H

(a) La différence de la Doctrine de Saint Augustin d'avec celle de ses prétendus Disciples, pourroit - elle être plus sensible qu'elle l'est ici ? Le Saint Docteur enseigne que l'entrée du Royaume des Cieux a été ouverte à tous, sans exception, par les mérites de J. C., même aux femmes de mauvaise vie & aux publicains ; d'où il conclut que personne ne peut croire qu'elle soit fermée pour lui. Jansenius enseigne au contraire dans son troisiéme Livre de la Grace de J. C. chap. 21. que J. C. *n'est pas plus mort pour le salut de ceux qui perissent, & qu'il n'a pas plus prié pour leur salut que pour le salut du Diable.* Ce sont ses termes. Et Quesnel, copiste & disciple de Jansenius, enseigne que Dieu ne veut le salut que de ceux qui se sauvent effectivement. Voyez les

cheur qui désormais désesperera de son salut en voyant jusqu'à quel point le Fils de Dieu a bien voulu s'humilier pour lui ? Qui pourra penser à présent que le bonheur de la vie consiste dans les choses que le Fils de Dieu a déclarées dignes de mépris ? Par quelles adversités pourra se laisser abattre quiconque croit que le Fils de Dieu a souffert de si grandes persécutions pour empêcher la Nature humaine de succomber sous leur poids, & pour la soutenir dans ses souffrances ? Qui croira que (a) l'entrée du Royaume des Cieux lui est fermée, sçachant que les femmes de mauvaise vie & les publicains ont pû imiter le Fils de Dieu? Enfin, qui ne sera exempt de toute sorte de vices, s'il médite, & s'il aime les actions & les paroles de cet (*a*) homme dans lequel le Fils de Dieu s'est montré à nous comme l'exemple que nous devons imiter, & s'il se conforme à ce divin modéle?

Propositions 12. & 30. condamnées dans Quesnel par la Bulle *Unigenitus*.

Nullo modo principiis ejus, [*Augustini.*] dit Jansenius, *consentaneum est, ut Christus Dominus, vel pro infidelium in infidelitate morientium, vel pro justorum non perseverantium æterna salute mortuus esse, sanguinem sudisse, semetipsum redemtionem dedisse, patrem orasse sentiatur ... Ex quo factum est ut juxta sanctissimum Doctorem, non magis patrem pro æterna liberatione ipsorum, quam pro Diaboli deprecatus fuerit.* L. 3. de Grat. Christi salvat. cap. 21.

[*a*] Cet homme dans lequel le Fils de Dieu s'est montré, c'est le Fils de Dieu lui-même, qui s'est rendu visible dans son humanité.

13. IL n'y a donc dans le monde ni (a) sexe, ni âge, ni condition, ni dignité, qui ne doive espérer de participer un jour au bonheur de la vie

[a] SAint Augustin ne se lasse point d'annoncer l'étendue des miséricordes du Seigneur. Il vient d'enseigner qu'il n'est personne qui n'ait part au mérite de la mort de J. C. Il inculque ici de nouveau cette vérité, en déclarant

que cela doit s'entendre de toute personne de quelque sexe, de quelque âge, de quelque condition, de quelque dignité qu'elle soit. Les Novateurs, qui abusent de tout, ne laisseroient pas d'abuser de ce texte, si St. Augustin avoit parlé un peu auparavant moins positivement & moins universellement. Ils diroient, ce qu'ils disent en effet, que le sens de St. Augustin est qu'il n'y a aucun sexe, aucun âge, aucune condition, aucune dignité qui ne puisse participer, dans quelqu'un de ceux qui les composent, au bonheur de la vie éternelle, ou, ce qui est la même chose, qu'il y a quelques personnes dans chaque sexe, dans chaque âge, dans chaque condition, dans chaque dignité, qui peuvent participer à ce bonheur, mais que tout le reste des hommes a été tellement délaissé dans la masse de perdition qu'il lui est impossible de se sauver. Jansenius l. 3. de Grat. Christi salvat. cap. 20.

éternelle. Les (*a*) uns pour y parvenir méprifent les biens temporels, & prennent leur effort vers Dieu. Les autres moins vertueux que ceux qui ont la générofité de renoncer ainfi à tout, loüient dans eux ce qu'ils n'ont pas le courage d'imiter. Il y a cependant quelques perfonnes, mais en petit nombre, qui murmurent encore, & à qui l'envie & la jaloufie font fouffrir de cruelles, mais inutiles agitations. Ce font ceux qui, quoique (*b*) Catholiques à l'exterieur, cherchent dans l'Eglife leur propre interêt; ou les (*c*) Hérétiques, qui veulent encore fe faire honneur du nom de

[*a*] St. Auguftin parle ici, fans doute, de ceux qui, abandonnant tout pour fuivre J. C. embraffent l'état Religieux. Les Peres de l'Eglife ont toujours donné de grands éloges à une fi fainte Profeffion; mais il eft peu d'Hérétiques qui ne l'ayent blâmée.

[*b*] Voir fans en être touché les attentats commis contre la Ste. Epoufe de J. C.; être temoin des progrés de l'erreur fans s'y opofer; garder le filence lorfque le devoir oblige de parler pour la défenfe de l'Eglife; meriter à ce prix l'aprobation des fages du fiécle; ne feroit ce pas ce que Saint Auguftin apelle, dans cet endroit, chercher dans l'Eglife fon propre interêt & n'être Catholique qu'à l'exterieur?

(*c*) Les Payens

n'adorent point le vrai Dieu ; les Juifs refufent d'adorer le Fils de Dieu ; les Hérétiques n'écoutent pas la voix de la fainte époufe du Fils de Dieu ; ils font tous, quoiqu'en differens degrés, les ennemis de Dieu.

(a) La vraye Eglife eft répandue, felon Saint Auguftin, dans tout l'Univers. C'eft un de fes caracteres diftinctifs, qui ne peuvent convenir qu'à elle feule. Saint Auguftin & les autres Peres fe fervent fouvent de ce caractere pour convaincre de fauffeté les Sectes qui la combattent. Les Sectaires de leur côté tachent d'anéantir cette prérogative.

J. C. ; ou les Juifs, qui voudroient pouvoir juftifier leur impieté ; ou les Payens, qui ne peuvent fe determiner à abandonner leurs vaines fupertitions, & à renoncer à la licence de mœurs dans laquelle ils ont accoutumé de vivre. Mais l'Eglife Catholique (a) répanduë dans tout l'Univers, rendit dans les premiers tems tous leurs efforts inutiles ; elle fe fortifia enfuite de jour en jour, non en refiftant, mais en fouffrant. Maintenant apuyée fur

Quefnel explique comme les Calviniftes l'étendue de l'Eglife. *Rien de plus fpacieux*, dit-il, *que l'Eglife de Dieu, puifque tous les Elûs & les Juftes de tous les fiécles la compofent.* Prop. 76. condamnée par la Bulle *Unigenitus*.

l'infaillibilité de sa foi, elle voit avec mépris & avec dérision leurs artificieuses questions ; elle les (a) examine murement ; elle en décide avec connoissance ; elle ne daigne pas faire attention aux calomniateurs qui n'attaquent que ses (b) pailles, parce (a) L'Eglise examine les artificieuses questions des Novateurs, mais l'infaillibilité de ses jugemens ne dépend point de cet examen. J. C. en est lui-même le garant. Il a promis que jamais les puissances de l'Enfer ne prévaudront contre elle, & qu'il sera tous les jours avec les premiers Pasteurs pour enseigner avec eux & par eux toutes les Nations. *Elle a reçû*, dit St. Augustin, *une autorité supreme, & c'est le comble de l'impieté, ou une arrogance outrée de ne vouloir pas s'y soumettre. . . . C'est être ingrat, & négliger le secours que Dieu nous présente que de vouloir resister à une autorité d'un si grand poids.* Culmen autoritatis obtinuit. Cui nolle primitias dare, vel summæ profecto impietatis est, vel præcipitis arrogantiæ. . . Quid est aliud ingratum esse opi atque auxilio divino quam tanto labore præditæ autoritati velle resistere. De util. credendi.

(b) Par ces pailles de l'Eglise, St. Augustin entend les méchands & les pécheurs qui sont pendant cette vie mêlés & confondus dans son sein avec les bons. Il se sert souvent de cette expression dans ses ouvrages pour signifier la même chose. Par tout il enseigne que l'Eglife eft compofée non-feulement des bons, mais des méchans. Un fameux Auteur du Parti en convient. " St. Auguftin, dit le Sieur Dupin, dans fa Bibliotéque ; Saint ,, Auguftin écrivant ,, contre les Dona- ,, tiftes fur cette ,, grande queftion, qu'elle fçait diftinguer avec prudence & avec foin les tems de la moiffon d'avec les tems propres pour vaner le blé dans l'aire, & pour l'amaffer dans le grenier : mais

,, fi l'Eglife ici bas n'eft compofée que de ,, Saints & de Juftes, ou fi elle eft mêlée ,, de bons & de méchans, foutient qu'il y ,, a toujours eu dans l'Eglife de la paille & ,, du bon grain, c'eft-à-dire, des bons & ,, des méchans, & qu'il y en aura toujours ,, jufqu'au jour du Jugement, qui féparera ,, les bons d'avec les méchans ; que le nom- ,, bre de ceux-ci eft quelquefois plus grand ,, que celui des premiers. . . . Le même Auteur dit encore ; " Que Saint Auguftin ,, montra par l'Ecriture dans la Conference ,, de Carthage, que l'Eglife fur la Terre fe- ,, ra toujours mêlée de bons & de méchans, ,, & qu'il confirma cette maxime par l'au- ,, torité de Saint Ciprien. ,, Du Pin a donc dû avoüer que la Propofition 74. de Quef- nel, qui ne reconnoît pour membre de l'Eglife, ou du Chrift entier que les Elûs & les Saints, avoit par avance été condam- née par Saint Cyprien & par Saint Auguftin.

mais pour les *(a)* calomniateurs de son froment, si c'est par erreur qu'ils calomnient, elle les corrige; si c'est par haine, elle les regarde comme les épines & l'yvraïe.

(a) Les personnes les plus attachées à l'Eglise, & sur tout les Evêques les plus zélés pour sa défense, sont ordinairement les plus calomniés. Les uns les calomnient par haine, les autres parce qu'ils sont trompés. l'Eglise met une grande

différence entre la malice des uns & la trop grande credulité des autres. Ceux-ci n'ont besoin que d'être détrompez, les premiers meritent le sort des épines & de l'yvraïe.

---

14. SOumettons donc notre ame à Dieu, si nous voulons réduire notre corps en servitude & triompher du Demon. C'est premierement la *(a)* Foi qui soumet notre ame à Dieu, ce

(a) SAint Augustin distingue ici très-clairement les operations des trois Vertus Théologales que Quesnel confond dans les Propos. 51. 54. 57. condamnées par la Bulle *Unigenitus.*

sont ensuite les preceptes sur lesquels nous devons regler notre vie, & par l'exacte observation desquels l'espérance est fortifiée en nous, la charité y

I

(*a*) Il faut être sur ſes gardes pour ne donner ni dans le vice, ni dans l'erreur. Il eſt difficile de ſe corriger d'une habitude vicieuſe, mais la converſion d'un Hérétique ou d'un partiſan de l'héreſie, eſt mille fois plus difficile & plus rare que celle d'un homme vicieux, en quelque genre que ce puiſſe être.

(*b*) La dépravation des mœurs aveugle le pécheur. Il ceſſeroit d'être pécheur, s'il ceſſoit d'être aveugle. Mais ſon aveuglement eſt volontaire, parce qu'il rejette les graces qui pourroient le guérir.

eſt entretenuë, & la vérité que nous croyons auparavant ſans en avoir l'intelligence, commence à ſe dévoiler. Car comme c'eſt par la connoiſſance de la vérité, & par les œuvres que l'homme devient heureux, de même qu'il faut éviter dans cette connoiſſance de donner dans (*a*) l'erreur, de même auſſi dans ſes actions faut-il être ſur ſes gardes pour ne les pas rendre vicieuſes. Or, (*b*) quiconque s'imagine pouvoir connoître la vérité en continuant de vivre dans le déreglement, eſt manifeſtement dans l'erreur. Aimer le monde, eſtimer les biens que l'on voit naître & périr, les deſirer, travailler à les acquerir, ſe réjoüir quand on en à en abondance, craindre de les perdre quand on les poſſede, & s'affliger quand on les perd, c'eſt véritablement vivre dans le déréglement & dans l'erreur. En vivant de la ſorte on ne parviendra jamais à connoître la vérité pure, in-faillible, immuable; à la ſuivre après l'avoir connuë; à lui être attaché & à ne s'en écarter jamais. Il faut donc avant que les ténébres de no-tre eſprit puiſſent être diſſipées, com-mencer par croire ce que nous ne pou-vons encore com-prendre, puiſque c'eſt avec vérité que le Prophête a dit, (*a*) *Vous ne compren-drés point ce que vous ne croirés pas.*

(*a*) La Vulgate porte, *ſi vous ne croyés point, vous ne perſévérerés pas.* St. Auguſtin a ſuivi les Septantes, auſ-quels ſont confor-mes l'Arabe & le Syriaque. L'intelli-gence des Myſtéres eſt le fruit de la Foi. Pour comprendre, en matiere de Reli-gion, il faut com-mencer par croire. La Foi n'eſt pas pour cela aveugle. Elle eſt très-éclairée, puiſ-que c'eſt ſur les pro-meſſes infaillibles de Dieu qu'elle eſt fon-dée.

15. Il ne faut pas un tems bien conſidérable pour aprendre ce que la Foi de l'Egliſe enſeigne. Elle nous aprend des vérités dont l'objet eſt éter-nel, & qui ſont au deſſus de la por-tée des eſprits encore charnels. Elle

nous en àprend d'autres qui ont pour objet le tems ; le passé & le futur. C'est-à-dire, ce que la divine & éternelle Providence à fait, & ce qu'elle doit encore faire pour le salut des hommes. Croyons donc en Dieu le Pere & le Fils & le Saint Esprit. C'est-à-dire, un seul Dieu, une Trinité éternelle, d'une seule & unique substance, un Dieu par qui toutes choses ont été créées, par qui elles subsistent toutes, & en qui elles font toutes. Ce font là les vérités éternelles & immuables.

Rom.
II. 36.

(a) LE reste de cet ouvrage n'est employé qu'à réfuter l'une après l'autre toutes les hérésies oposées aux vérités contenuës dans le Symbole des Apôtres. St. Augustin en demontre les absurdités, bien propres à faire connoître qu'on s'égare nécessairement, dès-lors qu'on n'écoute plus l'Eglise.

(b) Il n'est aucun

(a) N' Ecoutons point ceux 16. qui ne reconnoissent en (b) Dieu que la seule personne du Pere. Qui disent que le Pere n'a point de Fils, & qu'il n'a point avec lui un Saint Esprit : mais que l'on donne quelquefois au Pere le nom Fils, & quelquefois aussi le nom de Saint Esprit. Ils méconnoissent & le principe de qui sont toutes choses, & son image & ressemblance par laquelle toutes choses ont été formées, & sa sainteté, dans laquelle toutes choses sont reglées.

Mystére de la vraïe Religion qui n'ait été attaqué par quelques héresies. Plusieurs Héretiques ont blasphemé contre la Sainte Trinité, & entre autres Praxeas, Sabellius & Paul de Samosate, parmi les anciens ; Socin & ses Disciples, connus sous le nom d'*Antitrinitaires* & d'*Unitaires*, parmi les nouveaux. Ce Mystére est comme la base de la Religion Chrêtienne. Ni les Héretiques qui le combattent, ni les autres Héretiques qui combattent d'autres Mystéres, ne doivent être écoutés, dit Saint Augustin. Ce ne sont point eux que J. C. a chargés d'instruire les Nations, & avec lesquels il a promis d'être tous les jours jusqu'à la fin des siécles.

CHAP. XV. 17. N'Ecoutons point (*a*) ceux qui ne peuvent sans impatience & sans indignation, nous entendre dire qu'il ne faut pas adorer trois Dieux. Ils ignorent ce que c'est

(*a*) Quoique les héresies s'acordent toutes à rejetter les décisions des premiers Pasteurs, elles sont la plûpart très-oposées entre elles dans les dogmes qu'elles soutiennent. La vérité est une, & l'erreur peut se multiplier à l'infini. Les Tritheïtes, ou adorateurs de trois Dieux & les Antitrinitaires, ou adorateurs d'une seule Personne en Dieu, sont également oposés à la vérité Catholique, touchant le Mystére de la Trinité. Ils s'attaquent mutuellement entre eux. C'est-à-dire, qu'ils combattent les uns & les autres dans leurs adversaires une vétitable erreur, sans parvenir à la connoissance de la vérité, parce qu'ils ne veulent pas l'aprendre des premiers Pasteurs.

(*a*) L'humilité est le fondement de toutes les vertus Chrêtiennes, & sur tout de la Foi. L'orgueil

qu'une seule & même substance, & n'en jugeant que par leur imagination, ils donnent dans l'illusion. Parce qu'ils ont accoutumé de voir corporellement trois animaux, ou trois corps differens, de quelque espéce qu'ils soient, occuper trois lieux séparés les uns des autres, ils s'imaginent qu'on doit porter le même jugement de la sustance de Dieu; en quoi ils se trompent grossierement, & c'est une suite de leur (*a*) orgueil. Parce qu'ils ne veulent pas croire, ils ne peuvent aprendre à connoître la vérité.

est la source des plus grands égaremens, & de la chute déplorable de tous les Hérésiarques. Ce vice n'est pas incompatible avec les vertus d'éclat qui préviennent les peuples en faveur des partisans de l'erreur.

18. N' Ecoutons point (*a*) ceux qui enfeignent que le Pere feul eft Dieu véritable & éternel ; que le Fils n'a pas été engendré de lui , mais qu'il a été fait par lui & tiré du néant ; de forte qu'il n'a pas exifté dans tous les tems , mais qu'il a cependant le premier rang parmi toutes les créatures ; que le (*b*) Saint Efprit eft

(*a*) CE furent les Ariens qui combattirent la divinité du Fils de Dieu. Leur hérefie foutenue de toute la puiffance de l'Empire , fit de rapides & de vaftes progrès. Elle infecta un grand nombre d'Evêques, mais elle ne put prévaloir dans le corps des premiers Pafteurs qui ne cessa de la condamner jufqu'à ce qu'elle fût entierement éteinte. Les Difciples de Quefnel ont fait bien des efforts pour tacher de perfuader que dans le tems de l'Arianifme le corps des premiers Pafteurs, c'eft-à-dire, le plus grand nombre des Evêques unis au Chef, avoit abandonné la vérité. Saint Athanafe fçavoit fans doute beaucoup mieux qu'eux ce qui fe paffoit de fon tems; il alleguoit cependant en fa faveur le confentement de l'Univers, l'Orient & l'Occident.

(*b*) Les Macedoniens qui blafphemoient contre le Saint Efprit, étoient un rejetton des Ariens. Trois chofes contribuerent beaucoup à étendre leur fecte. La premiere, c'eft

qu'ils faifoient pro-
feffion d'une vie auf-
tére & qu'ils débi-
toient la plus févére
morale ; la feconde,
que comme les A-
riens ils avoient con-
fervé la Hierarchie
& le rit Catholique.
Ils avoient un Pa-
triarche, des Evê-
ques & des Prêtres.
Ils célébroient les
Myftères Divins ,
comme les Catholi-
ques. Rien de plus
propre que cet ex-
térieur à tromper les
peuples & à faire re-
garder ceux qui s'en
parent , comme Ca-
tholiques. La troi-
fiéme, c'eft qu'un
d'entre eux nommé
Marathone avoit de
grandes richeffes, &
les répandoit avec
profufion dans les
mains de ceux qui
fervoient utilement
le parti.

d'une majefté infe-
rieure à celle du
Fils, qu'il a été créé
après lui, & que les
fubftances des trois
Perfonnes font diffe-
rentes les unes des
autres, comme le
font celles de l'or,
de l'argent & du
cuivre. C'eft ainfi
qu'ils parlent de ce
qu'ils ne connoiffent
point. C'eft ainfi que
des objets qu'ils ont
accoutumé de voir
de leurs yeux char-
nels, ils fe forment
de vaines idées, fur
lefquelles ils font
rouler leurs difputes.
Il eft vrai qu'il eft
bien difficile que
l'efprit humain puif-
fe concevoir une gé-
nération qui n'a eu
aucun commence-
ment, & qui eft

éternelle ; un amour & une fainteté
par qui le Pere & le Fils s'uniffent

intimement

intimement, d'une maniere inéfable. C'eft, encore une fois, ce que l'efprit de l'homme, dans quelque fituation de paix & de tranquilité qu'il fe trouve, ne conçoit que très-difficilement. Un tel myftére fera donc toujours impénétrable pour des perfonnes qui n'en veulent juger que par les générations terreftres, qui à l'obfcurité des ténébres qui les envelopent, joignent encore la fumée qu'ils ne ceffent d'exciter autour d'eux par leurs continuelles difputes, & dont les ames encore toutes dégoutantes des (*a*) paffions de la chair, dans lefquelles elles fe font plongées, (*b*) font femblables à

(*a*) Tels font, en effet, les Hérétiques lors même qu'ils empruntent les dehors frapans d'une auftere piété. Saint Auguftin n'en dit ici rien de plus que ce qu'en avoit dit avant lui l'Apôtre Saint Paul, qui met l'héréfie au nombre des péchés de la chair.

(*b*) Les Hérétiques aiment à augmenter l'obfcurité des ténébres dont ils s'envelopent, par les nouvelles queftions & les difputes qu'ils élevent pour la feduction des peuples. Leurs ouvrages fi vantés, ne produifent que de la fumée, & fi quelquefois ils paroiffent lumineux, ce n'eft qu'un faux brillant qui loin déclairer, n'eft employé que pour éblouir & pour aveugler plus furement.

K

ces bois verts & humides, dont le feu
ne peut faire fortir qu'une épaiffe fumée, qui n'eft diffipée par la clarté
d'aucune forte de flammes. Et voilà
ce que l'on peut dire de tous les Hérétiques, fans craindre de fe tromper.

---

[a] LA Foi du
Myftére de
l'Incarnation n'eft
pas moins néceffaire
pour le falut que
celle du Myftére de
la Trinité, & elle
n'a pas trouvé moins
d'ennemis parmi les
Hérétiques.

(b) Les Neftoriens
étoient coupables de
l'héréfie que Saint
Auguftin condamne
ici, mais le Saint
Docteur femble les
defigner plus claire-
ment dans la fuite.
Ainfi il paroit que
dans cet endroit il
a en vûë Cerinthe,
Paul de Samofate &
Photin, & quelques
autres Hérétiques
qui penfoient comme eux.

19. NE nous (a)
contentons
donc pas de croire le
Myftére de l'immua-
ble Trinité. Croyons
encore tout ce que
la Foi nous enfei-
gne que Dieu a fait
dans la fuite des
tems pour le falut
du genre humain.
N'écoutons point (b)
ceux qui ofent avan-
cer que J. C. Fils
de Dieu n'eft qu'un
homme comme les
autres, mais un hom-
me cependant fi juf-
te & fi parfait qu'il
mérite d'être apellé

le Fils de Dieu. (*a*) L'Eglife Catholique, en fuivant les regles de fa difcipline, les a auffi chaffés hors de fon fein ; parce qu'aveuglés par la paffion de vaine gloire , ils ont voulu difputer avec (*b*) opiniâtreté, fans avoir connu ce que c'eft que la vertu, la fageffe de Dieu, le Verbe qui étoit au commencement, *par qui toutes chofes ont été faites*, ni comment *le Verbe a été fait chair, & a habité parmi nous.*

Joan. i. 3. 14.

(*a*) Ces Hérétiques ne fe regarderent point comme excommuniez & hors du fein de l'Eglife. Ils contefterent la competance du Tribunal & l'accuferent d'injuftice. Ils rejetterent fur les Juges, le crime de fchifme dont-ils étoient coupables. Leur exemple a été fuivi par tous les Sectaires.

(*b*) Ce n'eft pas l'erreur précifement qui fait les Hérétiques. C'eft l'opiniâtreté jointe à l'erreur. On eft opiniâtre & hérétique dès que les premiers Pafteurs unis à leur Chef ont condamné l'héréfie, & que malgré leur condamnation on continue à la foutenir.

CHAP. XVIII. 20. N'Ecoutons point (*a*) ceux qui difent que le Fils de Dieu ne s'eft pas véritable-

(*a*) Cerdon Héréfiarque du fecond fiécle enfeigna l'erreur que rejette ici St. Auguftin, il excella dans le taleut de cacher ses mauvais sentimens, & de les semer en secret. Il frequentoit les Eglises des Catholiques & se mêloit avec eux pour participer aux Saints Mystéres. Il fut enfin découvert & excommunié par les Evêques. Son hérésie est une de celles que les premiers Pasteurs ont condamnées sans s'assembler en Concile. Il eut plusieurs Disciples, du nombre desquels fût le fameux Hérésiarque Marcion.

(b) Les Hérétiques qui ont nié la vérité de l'incarnation du Verbe, l'ont regardée comme indigne du Fils de Dieu. Ils ont voulu juger les desseins de Dieu par leurs préjugés, & par les lumieres de leur raison, foible d'elle-même & affoiblie par leur orgueil. C'est là l'é-

ment fait homme, qu'il n'est point né d'une femme & qu'il n'a dans sa personne fait voir aux hommes, ausquels il s'est montré, qu'une chair aparente & une fauile ressemblance d'un corps humain. (a) Ils ne peuvent concevoir comment la substance de Dieu qui gouverne toutes les créatures, ne peut contracter aucune souilleure. Ils disent cependant eux-mêmes que le Soleil visible peut porter ses rayons & les répandre sur toutes les saletés & sur toutes les ordures des corps qui sont sur la terre, sans que ces rayons perdent néanmoins rien de leur pureté, laquelle ils conser-

3. Sent. d. 3. c. Assum. & 1. sent. d. 37. c. Solet etiam,

vent toujours dans son integrité. Si donc dans les choses visibles, celles qui sont pures peuvent communiquer avec celles qui ne le sont pas, sans devenir pour cela impures elles-mêmes, à combien plus forte raison la Vérité invisible & immuable, ayant pris un esprit, une ame & un corps, & s'étant véritablement revêtuë de l'humanité entiere, a-t'elle pû délivrer le genre humain de toutes ses infirmités, sans en contracter aucune espéce de soüilleures? Ces (a) Hérétiques se trouvent donc dans d'étranges embaras, &

cüeil de presque tous les Hérétiques. C'est ainsi que dans notre siécle, les Novateurs, par un faux zéle pour la toute puissance de Dieu, s'éforcent de restraindre les bienfaits de sa miséricorde. Les Cerdoniens ne pouvoient comprendre comment le Fils de Dieu est exempt de soüilleure s'il s'est incarné; & les Novateurs de notre siécle ne peuvent concevoir comment Dieu est tout-puissant, s'il veut sauver tous les hommes.

(a) Autre conformité des Hérétiques de ces derniers tems avec les Cerdoniens, les uns & les autres ne peuvent soutenir leurs erreurs sans taxer de mensonge la Vérité même : car elle a dit dans l'Evangile de St. Jean, *le Verbe a été fait chair*, & dans St. Paul; *Dieu veut que tous les hommes soient sauvés & qu'ils parviennent à la connoissance de la Vérité.*

(*a*) C'étoit accu-
fer J. C. d'avoir
trompé les hommes
que de dire comme
les Cerdoniens, que
J. C. n'avoit pas eu
un corps réel, mais
feulement les apa-
rences d'un corps
humain. N'eft-ce
pas accufer Dieu d'a-
voir trompé les hom-
mes, que de dire
avec Janfenius, que
lorfqu'il exhortoit
les Juifs à garder fes
préceptes, & lorf-
qu'il faifoit tant de
miracles à leurs yeux,
il leur commandoit
l'impoffible, & que
tout ce qui compofe
fon ancien Tefta-
ment, c'eft-à-dire,
tout ce qu'il faifoit
pour ce Peuple n'é-
toit qu'une efpéce
de grande comedie.
*Profecto nihil aliud
fuiffe Teftamentum
illud perfpicuum eft
nifi magnam quan-
dam quafi come-
diam.* Janf. lib. 3.
de Grat. Chrift.
falvat. c. 6.

pendant que leur
prétendu zéle pour
la gloire de l'éter-
nelle vérité leur fait
craindre, ce qui eft
impoffible, que cet-
te vérité ne foit foüil-
lée par le corps hu-
main qu'elle a pris
dans fon Incarna-
tion, ils ne font au-
cune difficulté de
taxer de menfonge
cette même vérité.
Et quoi que (*a*) J. C.
nous ait ordonné de
dire fimplement *cela
eft ou cela n'eft pas*,
& que fon Apôtre
publie hautement
que ce divin Sau-
veur *n'étoit pas tel
que le oüi & le non
fe trouvât en lui*,
mais qu'au contrai-
re *tout ce qui étoit
en lui étoit ferme &
véritable*, ils ofent
foutenir que tout fon
corps n'étoit qu'une

Matt.
5. 37.

2. Cor.
1. 19.

fauſſe & trompeuſe aparence de chair.
Comme s'ils croyoient ne pouvoir
mieux imiter J. C. qu'en annonçant
à leurs auditeurs la fauſſeté & le men-
ſonge.

21. N' Ecoutons point ceux qui font à la vérité profeſſion de reconnoître une ſeule & éternelle ſubſtance dans la Sainte Trinité, mais qui ont la témerité de dire (a) que le Verbe comme les Ariens, que le Verbe en s'incarnant avoit à la vérité pris un corps, mais qu'il n'avoit point pris d'ame, & que ce corps n'étoit animé que par le Verbe. Dans la ſuite ne pouvant réſiſter à l'autorité de l'Evangile, il diſtinga l'ame de l'eſprit, & avoüant que J. C. avoit une ame humaine, il nia qu'il eût un eſprit humain. Il fût condamné à Rome, à Alexandrie, à Antioche, dans des Conciles particuliers. Sa ſecte ſe diviſa en pluſieurs branches, & on prétend que c'eſt de ſon héreſie qu'eſt née celle d'Eutiches.

(a) A Pollinaire Evêque de Laodicée, qui avoit été perſecuté par les Ariens en haine de la Foi Catholique, & qui avoit été très uni avec Saint Athanaſe & avec St. Baſile, préſuma enſuite de lui-même & devint Héréſiarque.

(*a*) L'ingenieuse fiction de Defcartes, qui ne reconnoît ni ame, ni fentiment dans les bêtes, n'étoit pas connue du tems de Saint Auguftin. Les Peres de l'Eglife ne croyoient pas que de la mortalité de l'ame de la bête, on pût conclure la mortalité de l'ame de l'homme. L'ame humaine a des opérations qu'il eft impoffible d'attribuer à la matiere. Elle agit par raifon & non par inftinct; elle reflechit fur elle-même & fur fes penfées; elle contemple les vérités abftraites & féparées de la matiere; elle connoît Dieu & fes Loix. Elle porte dans elle-même l'image gravée de la Divinité, ou plûtôt, fi elle y veut reflechir, la conviction de fa propre immortalité. Il ne tient

qui s'eft fait homme dans le tems, n'a point eu l'efprit d'un homme & qu'il n'en a feulement eu que l'ame & le corps. Parler ainfi, c'eft dire que le Seigneur n'a point été homme, mais qu'il a eu feulement un corps humain. Les (*a*) bêtes ont auffi un corps & une ame, mais elles n'ont pas la raifon, qui eft le propre de l'efprit. Mais puifqu'on doit avoir en execration ceux qui nient que J. C. ait eu un corps humain, qui eft pourtant ce qu'il y a de plus méprifable dans l'homme; je fuis étonné que ceux dont je viens de parler puiffent, fans rougir, nier que J. C. ait eu un efprit,

qui

qui eſt ce qu'il y a de plus excellent dans l'homme. Le ſort de l'eſprit humain ſeroit en vérité bien déplorable s'il étoit contraint de ceder au corps & de lui être ſoumis, comme il le ſeroit ſans doute, s'il n'avoit pas été réformé dans cet homme, dans lequel le corps humain a été élevé à la dignité d'une ſubſtance Celeſte. tient qu'à elle de parvenir à la connoiſſance des vérités révélées. Dieu en lui impoſant des preceptes lui promet, ſi elle les obſerve, une couronne immortelle, & la menace, ſi elle les enfraint, d'un ſuplice éternel. Ainſi elle a pour garant de ſon immortalité, ſa raiſon elle même & ſon Dieu. L'Impie peut-il rien trouver de ſemblable dans les bêtes?

Mais à Dieu ne plaiſe, que nous fuſſions jamais capables de donner dans de telles erreurs, enfantées par une aveugle témérité, & debitées avec un flux de paroles pleines d'oſtentation !

---

22. N'Ecoutons point (a) ceux qui prétendent que l'éternelle ſageſſe s'eſt incarnée dans l'homme (a) C'Eſt la maniere dont l'impie Neſtorius expliquoit le Myſtere de l'Incarnation ; ſoutenant qu'il y avoit dans J. C. deux

L

perfonnes', & rejettant l'union hypoftatique ;
d'où il concluoit qu'on pouvoit apeller Marie
mere du Chrift, & non pas mere de Dieu.
Selon lui, J. C. n'étoit pas proprement Fils de
Dieu, mais le Temple du Fils de Dieu. On
pouvoit, felon lui encore, dire que la fageffe
habitoit en J. C., mais on ne pouvoit pas
dire qu'il fut perfonnellement la fageffe in-
créée. Neftorius n'étoit pas l'inventeur de
cette impieté, il l'avoit puifée dans les Ecrits
d'Ebion, de Theodore de Mopfuefte & de
Diodore de Tarfe. Comme il étoit Evêque de
la Ville Imperiale, fon rang accrédita fort fon
Héréfie. Il attira dans fon parti plufieurs Evêques, & même des Provinces entieres. Il
foutenoit fa caufe par un grand zéle contre
les Hérétiques de fon tems, & en particulier
contre les Pelagiens & les Macedoniens. Il la
foutenoit encore par des mœurs non-feulement pures, mais auftéres, & qui ont fait
dire de lui qu'il auroit été un grand Saint,
s'il n'avoit pas été Hérétique. Le Pape Ce-
leftin condamna fon héréfie l'an 430. à la
tête de plufieurs Evêques qu'il avoit affemblés
à Rome. Neftorius n'apella point de ce Decret. Les apels d'un decret dogmatique du
Saint Siége étoient encore alors inconnus,
même parmi les Hérétiques : mais il refufa
de s'y foumettre, & fa défobéiffance fut un
des crimes que Saint Cyrille lui reprocha à
Ephefe. Le troifiéme Concile général le dé-
pofa, y étant forcé, difent les Peres de ce
Concile dans la Sentence qu'ils prononcerent
contre lui, *par les Saints Canons*, & par
les Lettres de *leur très-Saint Pere & Com-*

ministre Celestin Evêque de l'Eglise de Rome.
Saint Augustin mourut avant la tenuë du
Concile d'Ephese, lorsqu'il étoit déja con-
voqué. Il ne laissa pas de regarder les Nestoriens comme Hérétiques, parce qu'ils avoient
été condamnés à Rome dans un Concile, par
le Pape Celestin, dont le Decret avoit été envoyé aux principales Eglises, qu'il avoit été
reçû par l'Eglise d'Alexandrie, & que le reste
des Eglises, à l'exception de celles qui étoient
occupées par des Evêques Nestoriens, n'avoit
point reclamé en faveur du Nestorianisme. Il
regarda de même les Pelagiens comme hérétiques dès qu'ils eurent été condamnés en
Afrique, & que le Rescrit fut venu de Rome,
sans que leur apel au futur Concile Plenier
pût le faire changer de sentiment. La cause,
selon lui, étoit finie, & il ne devoit plus être
question que de juger & de punir ceux qui
ne se soumettroient pas. Quesnel a lui-même
cité cet endroit de Saint Augustin contre les
Pelagiens, condamnant par avance l'apel que
lui & ses Disciples interjetteroient un jour,
& qu'ils ont dans la suite interjetté de la Bulle
Unigenitus au futur Concile. V. Tradit. de
l'Egl. Rom.

qui est né d'une (*a*)
Vierge, de la même
maniere qu'elle se
communique aux
autres hommes qu'-
elle rend parfaite-
ment sages. Ils igno-

(*a*) Nestorius ne
contestoit point à
Marie la gloire d'être
Vierge & mere, mais
il lui contestoit celle
d'être Mere de Dieu.
Il est peu d'Héréti-
ques qui ne conteste

à la très-Ste. Vierge quelqu'une de ses prérogatives. On sçait avec quelle vivacité ceux de nos jours s'élevent contre son Immaculée Conception. rent les secrets mystéres qui distinguent ce seul homme de tous les autres, & ils pensent que l'unique privilége qu'il ait eu au-dessus des autres hommes les plus heureux, est celui d'être né d'une Vierge. Privilége cependant qui, s'ils y faisoient une sérieuse attention, suffiroit peut-être lui seul pour les convaincre que si cet homme est le seul entre tous les autres qui l'ait mérité, il faut aussi nécessairement que dans la maniere dont cette sagesse éternelle s'est incarnée dans sa personne, il y ait quelque chose qui soit propre à lui seul, & qui ne puisse convenir au reste des hommes. Et, en effet, devenir seulement sage par la sagesse de Dieu, ou être (a) uni à la personne même de la sagesse de Dieu, sont deux choses bien differentes. Car quoique la nature du corps de l'Eglise soit la même, qui pourra douter

(a) Nestorius reconnoissoit une union entre le Verbe & la nature humaine de J. C., mais ce n'étoit, selon lui, qu'une union morale avec laquelle subsistoient deux

qu'il n'y ait une grande difference entre le Chef de cette Eglise & ses autres membres ? Si cet homme dans qui *le* Joan. *Verbe a été fait chair* 1. 14: *& a habité parmi* personnes dans le Christ. Celle du Verbe & celle de l'homme. Il rejettoit l'union hypostatique & l'unité de personne dans le Christ, & c'est en cela que consistoit son hérésie. Cette union morale qu'il reconnoissoit, lui donna lieu de

parler en plusieurs occasions d'une maniere qui paroissoit Catholique. Il déguisa même ses sentimens dans ses Sermons 12. & 13. jusqu'à prêcher que la très-Sainte Vierge étoit Mere de Dieu. Mais tout cela s'expliquoit dans un sens Nestorien, à la faveur de l'union morale. Le Pape Celestin & son Legat Saint Cyrille Patriarche d'Alexandrie n'y furent point trompés. Un des artifices des plus communs à tous les Hérétiques, c'est d'envelopper leurs erreurs sous des expressions Catholiques qu'ils expliquent à leur maniere avec le secours de quelque équivoque reçüe parmi eux. Par ce moyen ils persuadent souvent au simple peuple qu'ils ont des sentimens très-Catholiques, & que c'est par la brigue de leurs ennemis qu'ils ont été condamnés. Cet artifice réussit à Nestorius. Un grand nombre d'Evêques, parmi lesquels il y en avoit de sçavans, refuserent de souscrire à la condamnation de sa Doctrine & de sa personne, & on fut obligé d'en déposer quelques-uns qui s'opiniâtrerent dans leur refus.

(*a*) J. C. eft non-feulement le Dieu, le Redempteur, l'Epoux, mais encore le Chef de l'Eglife. Il lui eft intimement uni, il la gouverne comme le Chef gouverne les membres. Il lui communique la vie de la Grace. Ce n'eft pas feulement un chef moral, c'eft un chef phyfique, puifqu'il produit réellement & phyfiquement la Grace, fur tout dans le Sacrement de l'Euchariftie. Il a établi dans l'Eglife Militante un Vicaire qui en eft le Chef vifible, & avec le Siége duquel toutes les Eglifes doivent communiquer. V. notre Inftruction contre les Sermons de Geneve.

(*b*) Saint Auguftin a déja parlé des pailles de l'Eglife, c'eft-à-dire, des méchans qui font dans le fein de l'Eglife. Ces pail-

nous, eft le (*a*) Chef de l'Eglife, les autres (*b*) membres qui achevent d'en accomplir la perfection font tous les autres Saints. De même donc que l'ame anime & vivifie tout notre corps, mais que c'eft dans la tête qu'elle a l'ufage de tous les fens, en voyant, en entendant, en fentant les odeurs, en goutant les alimens, en touchant; & qu'elle ne peut avoir que l'ufage de l'atouchement dans les autres membres, qui pour leurs differentes opérations font tous, par cette raifon, foumis à la tête, placée au-deffus de tous pour les conduire, parce qu'elle eft unie comme perfonnellement à l'ame, qui veille sur tout le corps, puifque c'eft dans elle que paroiffent tous les fens ; de même auffi *Jefus - Chrift homme, mediateur entre Dieu & les hommes*, eft pour la multitude de fes Saints, ce qu'eft la tête à un feul corps ; & c'eft pour cela que la fageffe de Dieu, qui eft la même chofe que le Verbe qui étoit au commencement, & par qui toutes chofes ont été faites, ne s'eft pas unie à l'homme dont elle a pris le corps, comme elle s'unit aux autres Saints, mais d'une maniere beaucoup plus excellente, beaucoup plus fublime, & qui n'eft propre qu'à ce feul homme, dans qui feul la fageffe devoit paroître aux hommes, à qui il convenoit qu'elle fut vifiblement montrée. De là il faut néceffairement conclure que la fageffe des autres hommes, quels qu'ils ayent été, & quels qu'ils puiffent jamais être, eft, a été & fera

les ne font point du nombre des membres vivans qui achevent d'en accomplir la perfection. St. Auguftin ne parle point ici des pailles, parce qu'il s'agiffoit, pour confondre les ennemis de la divinité du Sauveur, de faire fentir la difference qu'il y a entre J. C. & les Saints, & non entre J. C. & les méchans.

2. Tim. 2. 5.

Joan. 1. 1. 3.

toujours bien inferieure à celle du médiateur entre Dieu & les hommes, J. C. homme, à qui le don de la sagesse qui rend sages les autres hommes, quels qu'ils puissent être, n'a pas seulement été accordé, mais qu'il est lui - même personnellement cette sagesse éternelle : car on peut bien dire avec vérité des autres ames remplies de sagesse & de piété, qu'elles ont en elles le Verbe de Dieu par qui toutes choses ont été faites, mais on ne peut dire d'aucune d'elles, avec vérité, ce que l'on dit de J. C. seul, que c'est dans lui que le Verbe s'est fait chair & qu'il a habité parmi nous.

(a) CEtte erreur faisoit partie de l'hérésie Arienne. St. Epiphane (1) atteste ce fait, & St. (2) Augustin s'en étoit convaincu par la lecture des livres de ces Hérétiques. Les Peres de Nicée

(1) De heres.
(2) V. Aug. l. de heres. ad quod vult deum.

23. N'Ecoutons point ceux qui disent (a) que le Verbe de Dieu, en se faisant homme n'a pris que le seul corps humain, & qui de ces paroles ; *& le Verbe a été fait chair,* concluent que cet homme Dieu n'a

Joan i. 14.

point

point eu d'ame, & qu'il n'a rien eu de l'homme que la feule chair. Ils fe trompent groffierement, & ils ne comprennent pas que dans ces paroles *(a) le Verbe a été fait chair.* il n'a été fait mention que de la chair, parce que la feule chair a pû paroître aux yeux des hommes, *(b)* pour le falut defquels le Verbe s'en eft revêtu. S'il eft abfurde & tout à fait indigne, comme nous l'avons déja démontré, de dire que J. C. n'a pas eu un efprit humain, quelle abfurdité & quelle indignité n'y a-t'il pas de dire qu'il n'a eu ni efprit, ni ame, & qu'il n'a pris de l'humanité que ce qu'il y a de plus bas

l'ont profcrite dans leur Symbole par ces paroles, *& homo factus eft :* & il s'eft fait homme. Car le Verbe ne feroit point homme, s'il n'avoit pas pris l'humanité entiere; l'ame & le corps.

(*a*) L'abus que les Ariens faifoient de ces paroles de l'Evangile : *le Verbe s'eft fait chair,* paroles qu'ils croyoient expliquer à la lettre, fert à faire connoître la néceffité d'une autorité infaillible qui prononce fur le vrai fens de l'Ecriture, & qui fixe la foi des Fideles.

(*b*) C'eft pour le falut de tous les hommes fans exception que le Verbe éternel s'eft revêtu de notre chair, qu'il eft né, qu'il a fouffert, qu'il a donné fon fang & fa vie, & non pour le falut de quelques hommes feulement, *Il eft le Sauveur de tous les hommes, &*

M

principalement des Fidéles. [Timot. 4. 10.] *Il est la victime de propitiation pour nos péchés, & non-seulement pour les nôtres*, dit l'Apôtre St. Jean, *mais aussi pour ceux de tout le monde.* [1. Ep. 2. 2.] Saint Augustin l'enseigne & de plus méprisable, même dans les bêtes, c'est-à-dire, le (*a*) corps. Que notre foi rejette donc encore cette impieté. Croyons sans aucune restriction que le Verbe de Dieu a pris l'humanité toute entiere.

hautement après St. Jean & après St. Paul, & les vrais Disciples des deux Apôtres & du Saint Docteur souscrivent à cette vérité. Ceux qui la combattent avoient déja été condamnés par St. Jean, par St. Paul, par St. Augustin, avant que l'Eglise les frapât d'Anatheme.

(*a*) Y a-t'il donc dans les bêtes quelque chose de plus excellent que leurs corps ? Oüi, selon le sentiment de Saint Augustin, & ce sont leurs ames mêmes, parce que le corps considéré comme non animé, est incapable de sentiment, & que c'est l'ame qui éleve la bête, toute materielle qu'elle est, jusqu'à la faculté de sentir. Cette ame materielle est un des mystéres de la nature que la Philosophie n'a point encore pû dévelòper. Il y a des Impies qui s'apliquent à en relever l'excellence, pour en faire une comparaison odieuse avec l'ame des hommes, afin de se persuader, s'ils le pouvoient, que tout meurt avec nous. Mais ils sont démentis par leur raison, par le sentiment qu'ils ont de leur immortalité, par les oracles d'une Religion évidemment divine. Voyez ce que nous avons déja dit sur cela.

24. N'Ecoutons point (*a*) ceux qui soutiennent que le corps qu'a eu Notre - Seigneur a été tel que le fut celui de la colombe, sous la figure de laquelle Jean-Baptiste vit le Saint Esprit descendre du Ciel, & s'arrêter au-dessus de J. C. : Car ils tachent ainsi de persuader que le Fils de Dieu n'est pas né d'une femme; parce, disent - ils, que s'il a été nécessaire qu'il parut aux yeux des hommes, il a pû prendre un corps de la même maniere que le Saint Esprit en a pris un. Cette colombe, disent - ils encore, n'est point venuë d'un œuf, &

Matt.
16.

(*a*) Plusieurs anciens Hérétiques ont refusé de croire que le Christ eût une véritable chair. De ce nombre étoient les Cerdoniens & les Manichéens. Nous avons déja parlé plus haut des premiers, & St. Augustin a déja raporté lui même une partie des erreurs des seconds. Manés, qu'on apelloit aussi Manichée , fut l'auteur du Manicheïsme. Quelque monstrueuse que fût cette hérésie, elle trouva des partisans qui la soûtinrent avec beaucoup de subtilité & d'éloquence. Mais ils aimoient mieux attaquer les dogmes Catholiques que de défendre les leurs. On peut voir dans les ouvrages de St. Augustin contre ces Hérétiques, les effors qu'ils faisoient pour décrier les dogmes Catholiques & les Ecritures de l'ancien Testament. Les Impies des siécles posterieurs ont emprunté de ces Hérétiques, & sur tout de Fauste, une partie des traits qu'ils ont lancé contre la vraïe Religion. Baile, qu'on peut regarder comme un des Apôtres de l'Atheïsme, a tout mis en usage pour donner quelque couleur cependant elle a pû se montrer aux yeux des hommes. Il faut leur répondre d'abord que dans le même endroit où nous lisons que le Saint Esprit se fit voir à Jean sous la figure d'une colombe, nous lisons aussi que le Christ est né d'une femme; & qu'il ne faut pas (a) croire à l'Evangile sur un ar-

Matt. I. 20.

de vraisemblance aux deux prétendus principes éternels, l'un du bien, l'autre du mal, que ces Hérétiques admettoient. Il ne dit rien, & il ne peut rien dire en cela que d'absurde & de contraire aux idées naturelles, & à tous les principes du raisonnement. Il n'a pas laissé que de faire quelque fois impression sur des lecteurs peu instruits & peu attentifs. Ce qui prouve que les livres contraires à la Religion, quelque aisé qu'il soit d'en découvrir le faux, sont toujours dangereux, & que les premiers Pasteurs ne sçauroient être trop attentifs à les proscrire.

(a) On croit sans peine les vérités de l'Evangile qui ne condamnent pas nomément ses propres passions & ses erreurs. Mais on

ticle, & n'y pas croire fur l'autre : car pourquoi croyés vous que le Saint Efprit a été vû fous la figure d'une colombe, fi ce n'eft parce que vous l'avés lû dans l'Evangile ? C'eft donc auffi parce que je l'ai lû dans l'Evangile, que moi je fais profeffion de croire que J. C. eft

cherche à s'aveugler fur celles qui les condamnent. Un Calvinifte croit la Trinité, mais il ne croit pas la préfence réelle de J. C. dans l'Euchariftie. Les Difciples de Janfenius affurent qu'ils croyent ce Myftére, mais ils ne croyent pas que Dieu veuille fauver tous les hommes.

né d'une Vierge. Mais pourquoi le St. Efprit n'eft - il pas né d'une Colombe comme J. C. eft né d'une femme ? En voici la raifon. C'eft parce que le St. Efprit n'étoit pas venu pour délivrer & pour fauver les Colombes, mais pour faire connoître aux hommes l'innocence, & l'amour divin qui leur fut alors vifiblement repréfenté fous la figure d'une Colombe. Jefus - Chrift qui étoit venu pour délivrer le genre humain, (a) qui comprend les hommes & les femmes, dont il vouloit également

(a) Par tout le St. Docteur établit l'inconteftable vérité de la mort de J. C. pour tous les hommes. C'eft pour délivrer le genre humain que le Fils de Dieu est venu sur la terre. Le genre humain comprend les hommes & les femmes. J. C. veut également le salut des uns & des autres. C'est toute la nature humaine qui a été rachetée dans l'un & dans l'autre sexe. St. Augustin n'enseigne en cela que la Doctrine de St. Paul, & par conséquent celle de l'Esprit St. qui inspira cet Apôtre. Les Hérétiques qui soutiennent que J. C. n'est mort pour le salut d'aucun autre que des seuls Elûs, ne laissent pas de citer St. Paul & St. Augustin en leur faveur, & ils ne persuadent que trop souvent, à ceux qui les écoutent, qu'en combattant ainsi la Doctrine de Saint Paul & de Saint Augustin, ils sont les Disciples de l'un & de l'autre.

le salut, n'a point dédaigné les hommes, puisqu'il s'est fait homme lui-même; il n'a point eu aussi de mépris pour les femmes, puisqu'il a voulu naître d'une femme. Ici se découvre à nous un grand mystére. (a). Comme une femme

(a) Ces expressions de Saint Augustin en faveur de la très-Sainte Vierge ne plaisent point aux prétendus Disciples de ce St. Docteur. Ils en ont relevé & blâmé de moins fortes, dans l'avertissement qu'ils ont adressé au nom même de Marie à *ses* prétendus *dévots indiscrets.* Dans cet ouvrage, en faisant le procès aux Catholiques de notre siécle, ils l'ont fait à St. Augustin, & à toute l'antiquité Chrétienne. Ils l'ont fait à Dieu lui-même, qui

nous avoit donné la mort, il faloit aussi qu'une femme nous donnât la vie, afin que le Demon qui se réjoüissoit de la perte de toute la nature humaine, fût vaincu, & qu'il fût puni par les deux sexes qu'elle renferme, c'est-à-dire, en prédisant à nos premiers Peres le Mystére de la **Redemption** des hommes, dit au Serpent *la femme écrasera ta tête.* Expression plus forte qu'aucune de celles que les Novateurs censurent dans les Ecrits des Catholiques.

par la femme & par l'homme. La peine eut été bien légére pour lui, si nous avions simplement été délivrés de la mort éternelle dans l'un & dans l'autre sexe, & que ce n'eût pas été par l'un & par l'autre que nous en eussions été délivrés. En parlant comme nous venons de le faire, nous ne prétendons pas dire que Notre-Seigneur J. C. a eu lui seul un véritable corps, & que le Saint Esprit ne s'est fait voir aux yeux des hommes que sous de fausses & de trompeuses aparences. Nous croyons au contraire (*a*) que l'un & l'autre corps ont été de véritables corps. Car com-

(*a*) Ce sentiment de Saint Augustin touchant la Colombe, n'est pas universellement reçû, &

on ne peut le regarder que comme une opinion que son Auteur rend respectable. On trouve dans les Peres de l'Eglise des vérités qu'ils annoncent comme la Doctrine de l'Eglise, & on y trouve aussi des opinions qu'ils n'avancent que comme me (a) il ne faloit pas que le Fils de Dieu trompât les hommes, il ne convenoit pas aussi qu'ils fussent trompés par le St. Esprit. Mais il n'étoit pas plus difficile à ce Dieu (b) tout-puissant, qui leur sentiment particulier. Les Peres sont d'accord touchant les vérités qui forment le dogme Catholique, mais ils sont quelque fois oposés entre eux dans les opinions particulieres. Cette diversité n'interesse point la Foi.

(a) Ceux qui croyent que la colombe sous la figure de laquelle parut le Saint Esprit, n'étoit pas une vraye Colombe, ne croyent pas que les hommes, dans les circonstances où parut l'Esprit Saint, ayent pû être trompés. On vit bien, disent-ils, que cette Colombe lumineuse qui paroissoit en même-tems que le Ciel s'ouvroit & que le Pere Eternel rendoit temoignage à son Fils, représentoit quelque grand Mystére, & ne devoit pas être confonduë avec une Colombe terrestre. Telle est leur reponse, qui n'empêche pas que le raisonnement de Saint Augustin ne doive faire impression.

(b) A proprement parler, rien n'est difficile à Dieu. Il est tout-puissant, mais s'il est tout-puissant, diront les Novateurs,
comment

de rien a fait toutes les créatures, de faire paroître une Colombe qui eût un véritable corps, à la formation duquel les autres Colombes n'euffent aucune part, que de former un vrai corps dans le fein de Marie, fans que fa virginité en fouffrit la moindre atteinte, la nature qui forme les corps obéiffant également à la volonté & aux ordres de Dieu pour former un homme dans le fein d'une Vierge, & pour former une Colombe dans le monde. (a) Mais ces miférables infenfés comment le pécheur refifte-t'il à la volonté qu'il a de le fauver ? On pourroit de même demander à Saint Etienne comment les Juifs réfiftoient à l'Efprit Saint ? Pour fatisfaire à cette difficulté, on diftingue ce que Dieu veut d'une volonté abfoluë, qui arrive toujours infailliblement, de ce qu'il veut d'une volonté conditionnelle, qui n'arrive pas toujours. Dieu veut d'une volonté abfoluë que les hommes foient libres, & qu'ils puiffent accomplir fa Loi ; & il veut d'une volonté conditionnelle qu'ils foient tous fauvés. Le falut leur eft propofé à condition qu'ils obéiront à fes preceptes. S'ils ne les accompliffent pas, leur perte vient d'eux-mêmes. V. nos Inft. Paft. fur la Grac. & fur la Prédeftination.

(a) Ceci s'adreffe aux Hérétiques qui regardoient comme impoffible le myftére de

N

l'Incarnation ; & à ceux aussi qui regarderoient comme impossible la création d'une Colombe , telle que celle dont vient de parler Saint Augustin. Ceux des Catholiques qui ne croyent pas que le Saint Esprit aïe paru dans le corps d'une vraye Colombe , ne contestent point à Dieu le pouvoir de la créer.

ne croyent pas que Dieu, tout-puissant qu'il est, puisse faire, ou ce qu'ils ne peuvent faire eux-mêmes , ou ce qu'ils n'ont jamais vû arriver pendant leur vie.

(a) LEs Ariens sont les Hérétiques les plus connus de ceux qui ont mis le Fils de Dieu au nombre des créatures. Lorsqu'ils voulurent à Rimini attenter à la Foi de Nicée , ils se servirent du mot de créature placé ambiguement dans un Anathematisme. *Si quelqu'un dit que le Fils de Dieu est une créature , comme*

25. N'Ecoutons point (a) ceux qui voudroient nous obliger de mettre le Fils de Dieu au nombre des créatures , parce qu'il a souffert. Car, disent-ils , s'il a souffert, il est donc sujet au changement ; & s'il y est sujet, il est créature, puisque la substance de Dieu est immuable. Nous con-

venons avec eux que la fubftance de Dieu ne peut être changée & que la créature peut l'être. Mais être créature, ou fe revêtir de la créature, font deux chofes bien differentes l'une de l'autre. C'eft parce que le Fils unique de Dieu, qui eft la force & la fageffe du Pere, le Verbe par qui toutes chofes ont été faites, n'eft fufceptible d'aucune forte de changement, qu'il s'eft revêtu de la créature humaine, qu'il a bien voulu relever après fa chute, & la tirer du malheureux état où elle croupiffoit depuis fi long - tems, & en fouffrant dans la nature humaine, pendant fa paffion,

font les autres créatures, qu'il foit anatheme. Cet anathematifme ne détruifoit point la Foi Catholique ; Car, 1°. comme on dit que le Fils de Dieu eft né d'une Vierge, ce qui doit s'entendre felon la chair, il y a des Peres qui ont dit qu'il étoit créature, en entendant felon fon humanité; & ce fens eft Catholique, quoique depuis l'Arianifme l'expreffion doive être rejettée. 2°. Cet anathematifme ne porte point que le Fils foit une créature. Il dit même le contraire. Mais il y a une équivoque, & les équivoques fuffifent aux Hérétiques. Toute l'attention des Ariens fembla s'épuifer pendant long - tems à imaginer des formules équivoques qui puffent tromper les

Catholiques. 3°. Les Peres de Rimini ôterent l'équivoque qu'il pouvoit y avoir dans cet anathematisme par d'autres qui excluoient formellement toute subtilité Ariene. *Si quelqu'un nie*, disoient-ils dans le premier, *que le Christ est Dieu, Fils de Dieu, engendré du Pere avant les siécles, qu'il soit anatheme. Si quelqu'un dit que le Fils a été tiré du néant*, disoient-ils dans le cinquiéme, *& qu'il n'est pas de la substance du Pere, qu'il soit anatheme. De non extantibus & non de Deo Patre.* Rien de plus formel contre l'Arianisme. Ses défenseurs ne laissoient pas de triompher & d'accuser l'Univers d'Arianisme. L'Univers de son côté qui detestoit cette hérésie, fut

il n'a été dégradé par aucun changement, mais au contraire il a glorifié la nature humaine, en la changeant par sa resurrection. Ce n'est pas là une raison de dire que le Verbe du Pere, c'est-à-dire, le Fils unique de Dieu, par qui toutes choses ont été faites, n'est pas né, & qu'il n'a pas souffert la mort pour nous. Car nous disons que les Martyrs ont souffert, & qu'ils sont morts pour le Royaume des Cieux, quoique dans les tourmens & dans la mort qu'ils ont endurés, on n'ait point fait mourir leurs ames : car le Seigneur a dit ; *ne craignés point ceux qui ôtent la vie du corps* Matt. 10. 28.

& qui ne peuvent ôter celle de l'ame. De même donc que nous difons que les Martyrs ont fouffert & qu'ils font morts dans les corps qu'ils avoient fur la terre, fans qu'on ait pû leur ôter la vie de l'ame, de même auffi difons-nous que le Fils de Dieu a fouffert & qu'il eft mort dans le corps humain dont-il étoit revêtu, fans qu'il y ait eu le moindre changement dans fa divinité, ou qu'elle foit morte avec fon corps.

extrêmement affligé de leur hardiéffe, & étonné de paffer pour Arien. Car c'eft là l'unique fens qu'on peut donner à ce texte de Saint Jerôme, fi fouvent repeté par les Janfeniftes. *Ingemuit totus orbis, & Arianum fe effe miratus eft.* Les Peres de Rimini furent néanmoins reprehenfibles, quoiqu'ils euffent profcrit l'erreur, parce qu'ils fuprimerent dans leur formule le terme de confubftantiel confacré dans le Concile de Nicée, & odieux aux Ariens, & qu'ils comuniquerent trop aifément avec les Evêques déclarés auparavant pour l'Arianifme, lefquels leur horreur pour le terme de confubftantiel devoit, malgré leurs proteftations, rendre encore fufpects. V. le L. de St. Jerôme contre les Lucifer.

26. N' Ecoutons point (a) ceux qui difent que le corps du Seigneur reffufcité eft different de celui qui fût mis dans le tombeau après fa mort. Car fi ce corps reffufcité n'étoit pas le même corps que celui dans lequel il a fouffert la mort, il n'auroit pas dit a fes Difciples après fa réfurrection : *Ma-niés & voyés. Un ef-prit n'a ni chair, ni os, comme vous voyés que j'en ai.* (b) Car ce feroit une impieté & un facrilége de croire que notre Seigneur, qui eft lui même la vérité, ait pû mentir, en quelque chofe que ce puiffe être. De ce

(a) CEs Hérétiques font peu connus dans l'antiquité. Ils furent trompés par ce que l'Apôtre dit des qualités glorieufes du corps de J. C. reffufcité, & ils s'imaginerent que ce ne pouvoit être le même corps qui avoit été attaché à la Croix pour nous. Ils auroient dû aprendre de l'Eglife le véritable fens du texte de l'Apôtre, & ils n'auroient pas eu le malheur d'abandonner la vérité.

(b) Si J. C. dans l'inftitution de la divine Euchariftie, avoit dit : *Ceci eft mon Corps, ceci eft mon Sang*, de ce qui n'en étoit que la fimple figure, le Seigneur qui eft lui-même la vérité, auroit menti dans une des plus importantes ma-

Joan
20. 26.

qu'il eſt écrit que les portes étant fermées il parut tout à coup au milieu de ſes Diſciples, & de ce qu'il n'eſt pas naturel que le corps d'un homme puiſſe entrer ainſi dans un endroit dont les portes ſont fermées, nous n'en devons pas conclure qu'il n'avoit pas alors un corps humain : Car toutes choſes ſont poſſibles à Dieu. (a) Il eſt inconteſtable

tieres de la Religion. L'erreur des Calviniſtes, en ce point, eſt donc qualifiée par Saint Auguſtin d'impieté & de ſacrilége. V. notre Inſt. Paſt. ſur les deux Sermons du Jubilé de Geneve.

(a) Les Enfans de Calvin trouvent encore ici la reponſe à leurs vaines objections, & la condamnation de leur criminelle incredulité.

qu'il eſt auſſi contre la nature du corps humain de marcher ſur les eaux ſans enfoncer ; & cependant non-ſeument le même Seigneur y a marché avant ſa Paſſion, mais encore il y a fait marcher Saint Pierre. Il a donc fait auſſi après ſa réſurrection tout ce qu'il a jugé à propos de faire de ſon corps. S'il a pû avant ſa Paſſion le rendre reſplandiſſant comme le Soleil, pourquoi n'auroit-il pas pû après ſa Paſſion lui donner tout à coup autant de subtilité qu'il auroit voulu, afin qu'il pût passer au travers des portes fermées.

(a) LEs Seleuciens, qu'on nomme aussi Hermiens, du nom de leurs Auteurs Seleucus & Hermias, aussi entêtés de leurs dogmes que les Manichéens, enseignoient parmi plusieurs autres erreurs que le Sauveur du monde s'étoit dépoüillé de sa chair avant que d'aller s'asseoir à la droite du Pere, & qu'il l'avoit placée dans le Soleil. Ils fondoient cette réverie sur ces paroles du Pseaume 18. *In Sole posuit Tabernaculum suum. Il a placé son Tabernacle dans le Soleil.* Que ne trouve-t'on pas dans l'Ecriture, lorsqu'on veut l'in-

27. N'Ecoutons point (a) ceux qui disent que notre Seigneur n'est point monté au Ciel avec son corps, & qui fondent cette erreur sur ce qu'il est dit dans l'Evangile ; *Personne n'est monté au Ciel que celui qui est descendu du Ciel :* inférant de là que puisque le corps de J. C. n'est pas descendu du Ciel, il n'a pû y monter. Ils ne voyent pas que c'est le Seigneur qui est monté au Ciel, & non pas son corps. Que son corps n'y est point monté, mais qu'il y a été **élevé**

CHAP. XXV.

JOAN. 3. 13.

élevé par celui qui y est monté. Si nous voyons, par exemple, quelqu'un descendre nud du haut d'une montagne, s'habiller ensuite au bas de cette montagne, & y remonter après s'être vêtu, nous disons avec vérité que personne n'est monté sur cette montagne que celui qui en est descendu, & ne faisant aucune attention aux habits qu'il y aura porté, nous dirons que celui qui s'en est revêtu au bas de la montagne, est le seul qui y soit monté.

terprêter selon le caprice de l'esprit particulier? Saint Augustin dans son Livre des Hérésies, (*ad quod vult Deum*,) attribuë la même erreur à un certain Apelles, Chef d'une hérésie mêlée d'idolâtrie. Cet Apelles étoit d'abord Marcionite, mais ses mauvaises mœurs deshonoroient le Parti, & on l'en chassa. Il forma une nouvelle secte, & il se servit fort utilement pour cela d'une fille effrontée nommée Phylumene qui contrefaisoit la Prophetesse & l'inspirée. L'artifice lui réussit, & il a depuis ce tems là été remis sur la scene par plus d'une secte hérétique ou schismatique. Nous croyons cependant que ce n'est ni les Seleuciens, ni les Apellites que ce saint Docteur a eu ici en vûë, parce que les Seleuciens plaçoient le corps de J. C. dans le Soleil, & que les Apellites ne lui don-

O

noient qu'un corps aërien, ou emprunté des differens élémens ; mais que c'est quelqu'autre secte née du sein de celles - ci.

(a) LE raisonne-ment des Hé-rétiques dont parle ici St. Augustin, & qui sont peu connus dans l'histoire, est pitoyable ; mais il fait connoître com-bien il est dange-reux de raisonner sur la Religion, quand on ne prend pas pour guide l'enseignement du corps des premiers Pasteurs.

28. N'Ecoutons point (a) ceux qui disent que le Fils n'est point assis à la droite du Pere. Est-ce, disent-ils, que le Pere a un côté droit & un côté gauche, com-me s'il avoit un corps ? Non, sans doute : & nous ne le croyons pas aussi. Nous convenons que Dieu n'est ni limi-té, ni resserré par aucune forme de corps. Mais ce que nous apellons la droite du Pere, est la beatitude éter-nelle, qui est promise aux Saints ; & ce que nous apellons sa gauche est le malheur éternel, qui est le parta-ge des Impies. De sorte que cette droite & cette gauche, de la maniere dont nous venons de l'expliquer, ne sont pas dans Dieu, mais dans les créa-

tures. Le corps de J. C. (*a*) qui est l'Egli- se, (*b*) sera un jour à la droite de Dieu, c'est-à-dire, dans la beatitude, ainsi que l'Apôtre nous en af- sure, lorsqu'il dit, (*c*) *Il nous a ressuscités avec lui, & nous a*

Ephef. 2. 6.

(*a*) L'Eglise est le corps de J. C., mais d'une maniere diffe- rente de sa chair. Celle-ci est son corps, parce qu'elle subsiste dans sa personne di- vine, de sorte que toutes ses opérations sont les opérations du Verbe. Il est né, il a souffert & il est mort dans elle. Mais l'Eglise est le corps de J. C. d'une maniere mystique, parce qu'il en est le chef, qu'il veille à sa conservation, qu'il la gouverne, & qu'il lui communique par sa grace une vie divine. V. les Dog. Theol. du P. Petau l. 10. c. 1. &c.

(*b*) Tous ceux qui ont la foi, & qui sont unis par les liens exterieurs des Sacremens & du culte chrétien, sont dans l'Eglise pendant qu'ils sont sur la terre ; mais ceux qui meu- rent en état de péché mortel en sont séparés à jamais, & ne composeront point dans le Ciel l'Eglise de J. C.

(*c*) L'Apôtre ajoute aux paroles citées par Saint Augustin, celles-ci ; *dans la personne de J. C. Consuscitavit, & consedere fecit in Cælestibus in Christo Jesu*, ce qui signi- fie que non-seulement il nous a ressuscités avec lui, mais qu'il nous a ressuscités en nous unissant à lui. Saint Augustin explique lui-même dans son 22. Traité sur St. Jean (n. 7.) de quelle maniere on ressuscite avec

J. C. c'est en croïant en lui de cette foi vive qui opére par la charité, *qui credidit surrexit.* Dèslors qu'on croit ainsi en J. C. on a un droit incontestable à être assis dans le Ciel avec lui. On y est déja en espérance. Les charmes de cette vertu adoucissent nos peines, & nous font par avance gouter le repos du Seigneur; quoique d'une maniere bien imparfaite, si on le compare avec le repos dont joüissent les Bienheureux dans le Ciel.

fait prendre place au Ciel avec lui. Car quoique notre corps n'y soit pas encore, notre espérance y est déja. C'est pour cela que le Seigneur après sa résurrection ordonna lui-même à ses Disciples, qu'il trouva à la pesche, de jetter leurs filets au côté droit de la Barque, & que lorsqu'ils les y eurent jettés, ils prirent des poissons qui étoient tous grands, c'est-à-dire, qui représentoient les Justes, ausquels la droite est promise; ce qui signifie la même

Joan. 21. 6.

chose que ce qu'il avoit déja dit devoir arriver au jour du Jugement, lorsqu'il placera les Agneaux à sa droite & les Boucs à sa gauche.

CHAP,
XXVII.

29. N'Ecoutons point (a) ceux qui nient qu'il doive y avoir un jour, auquel tous les hommes seront jugés, & qui pour autoriser leur sentiment, raportent ce qui est dit dans l'Evangile, que celui qui croit en J. C. ne sera point jugé, & que celui qui ne croit pas en lui l'a déja été : car, disent-ils, si celui qui croit ne doit pas être jugé, & si celui qui ne croit

Joan.
3. 18.

(a) LEs Impies qui refusent de reconnoître l'immortalité de l'ame, refusent aussi de reconnoître le Jugement universel. Ils voudroient se persuader que leurs crimes seront impunis, afin de les commettre sans remords. Ils voudroient consacrer leur impieté par l'autorité même des Livres saints. Saint Augustin raporte ici un exemple du pitoyable abus qu'ils font des divines Ecritures.

pas l'a déja été , où sont donc ceux que le Seigneur jugera au jour du Jugement ? Ils ne voyent pas que ces sortes d'expressions sont employées dans l'Ecriture pour insinuer par le tems passé, ce qui doit arriver dans le tems à venir ; comme nous venons de le voir dans ce que l'Apôtre a dit de nous que J. C. *nous a fait prendre place*

Ephes,
2. 6.

au Ciel avec lui. Parlant ainsi d'une chose qui n'est pas encore faite, comme si elle l'avoit déja été ; parce qu'il est certain qu'elle doit arriver un jour. C'est dans ce même sens que J. C. dit à ses Disciples. *Je vous ai découvert tout ce que m'a dit mon Pere.* Et qu'il leur dit cependant bien-tôt après ; *J'ai encore beaucoup de choses à vous dire, mais vous n'êtes pas en état de les soutenir.* Comment auroit il pû leur dire, *Je vous ai découvert tout ce que m'a dit mon Pere,* s'il ne leur eût alors parlé de ce qu'il devoit infailliblement faire dans la suite par l'opération du Saint Esprit, comme s'il l'avoit déja fait ? Ce que nous devons donc entendre par ces paroles ; *celui qui croit en J. C. ne sera point jugé* ; c'est que celui qui croit en lui ne sera point condamné. Car le jugement signifie la condamnation, : comme lorsque l'Apôtre dit ; *Que celui qui ne mange pas, ne juge point de celui qui mange,* c'est-à-dire, qu'il ne le condamne pas. Le Sauveur du monde nous dit aussi, *Ne jugés point, afin de n'être point jugés.* Il ne nous défend pas de juger avec connoissance de cause, puisqu'il nous

Joan. 15. 15.

Ibid. 16. 12.

Joan. 3. 18.

Rom. 14. 3.

Matt. 7. 1.

dit par son Prophete, (a) *Si vous aimés véritablement la justice, Enfans des hommes ne vous en écartés pas dans vos jugemens*; & que J. C. nous avertit lui-même de *ne juger point sur les dehors, mais de juger selon l'équité*. Mais dans l'endroit où il nous défend de juger, il nous avertit de ne pas condamner ceux dont les intentions ne nous sont pas connuës, ou dont nous ne pouvons sçavoir ce qu'ils seront dans la suite. Quand donc il a dit que celui qui croit en lui ne sera point jugé, cela signifie que celui qui croit en lui ne sera point condamné : & quand il a dit

(a) Les ennemis de l'Eglise abusent de ce texte ; *Ne jugés point, afin de n'être point jugés*, pour éluder le jugement de l'Eglise. Ceux qui les favorisent abusent aussi du même texte pour éviter de leur dire Anathéme. St. Augustin réfute les uns & les autres en exposant le véritable sens de ces paroles de J. C. Ce divin Maître défend les jugemens téméraires, mais bien loin de nous interdire tous les jugemens, même ceux qui sont selon la justice, il y en a qu'il nous commande, & dont nous ne pouvons nous dispenser sans lui désobéir. Tel est celui que nous devons porter contre quiconque n'écoute pas la voix du corps des premiers Pasteurs. *S'il n'écoute pas l'Eglise*, dit *J. C.*, *qu'il soit à vôtre égard comme un payen & un publicain.*

(a) La prescience de Dieu ne determine point la volonté du pécheur, mais elle prévoit ses crimes, son impénitence & sa condamnation. C'est ce que Saint Augustin explique de la manière la plus claire dans son second Livre du Libre Arbitre. On trouve dans ce Livre des principes diametralement oposés à ceux que la Constitution *Unigenitus* a condamnés dans Quesnel.

que celui qui ne croit pas est déja jugé, cela veut dire qu'il est déja condamné dans la (a) prescience de Dieu, qui connoît la peine dont son incrédulité doit être punie.

(a) NOus avons déja parlé de Manés & des Manichéens. Les Cataphriges, ainsi nommés parce qu'ils étoient fort répandus dans la Phrygie, étoient Disciples de Montan, que son ambition rendit hérétique & faux Pro-

30. N'Ecoutons point (a) ceux qui disent que le Saint Esprit que le Fils de Dieu a promis dans l'Evangile à ses Disciples, est venu sur la terre dans la personne de l'Apôtre Saint Paul;

CHAP. XXVIII.

OU

où , comme le difent les Cataphriges, dans celle de Montan & de Priscille; ou dans celle de je ne fçai quel Manés, ou Manichée, comme le foutiennent les Manichéens. Ils font tellement aveuglés qu'ils ne voyent pas même ce qu'il y a de plus clair dans l'Ecriture , ou (*a*) peut - être encore

phete. Il s'affociâ deux femmes , Prifca & Maximilla , qui fe mêlerent auffi de prophetifer , & qui fe rendirent auffi fameufes que lui. Ces Hérétiques difoient que c'étoit plûtôt dans eux que dans les Apôtres qu'avoit été accomplie la promeffe que J. C. avoit faite d'envoyer le Saint Efprit. Ils condamnoient les fecondes nôces , & difoient que Saint Paul ne les avoit

permifes que parce que fa fcience étoit bornée, & qu'il ne prophetifoit qu'en partie. Ce qui eft parfait, difoient-ils, n'étoit pas encore venu ; & il eft venu dans Montan. Le grand Tertullien eût le malheur de fe laiffer féduire par ces Hérétiques , étant aparemment trompé par la févérité aparente de leur morale. On les a accufés de faite d'horribles myftéres dans lefquels ils mêloient le fang d'un enfant d'un an , avec de la farine. Mais Tertullien n'eut fans doute aucune part à ces abominables myftéres. V. St. Aug. *Haref. 26. 1. ad quod vult Deum.*

(*a*) Les premiers Pafteurs ne défendent point aux Fidéles la lecture de l'Ecriture Sainte ; mais ils établiffent des regles qui en empê-

P

chent les abus. Ils ne veulent point que le simple peuple la lise dans des traductions ou infidéles, ou suspectes, ni qu'il s'aplique à lire sans choix & sans guide des endroits obscurs que sa témerité pouroit lui rendre pernicieux. Ils enseignent avec St. Paul que l'Eglise étant un corps parfait, ses membres n'ont pas les mêmes fonctions; que comme les uns doivent enseigner, les autres doivent écouter leurs enseignemens; que l'intelligence infaillible de l'Ecriture n'est donnée qu'au corps des premiers Pasteurs, & qu'on risque de s'égarer, lorsqu'en quelque état que l'on soit, on s'imagine pouvoir, sans leur secours, pénétrer les vérités enseignées dans les Livres saints.

portent-ils la négligence de leur salut jusques au point de ne pas daigner se donner la peine de la lire. Qui pouroit, en effet, sans se convaincre de la vérité, lire ce que l'Evangile raporte que J. C. dit à ses Disciples après sa glorieuse resurrection. *Je vas,* leur dit-il, *vous envoyer ce que mon Pere a promis. Cependant tenés vous dans la Ville, jusqu'à ce que vous soyés revêtus d'une force qui vienne d'enhaut.* Les Actes des Apôtres, s'ils y vouloient faire attention, ne leur prouveroient-ils pas manifestement que le Saint Esprit est venu ? N'y liroient-ils pas que dix jours après que JESUS,

Luc 24. 49.

Acte 2. 4.

montant au Ciel, eût difparu aux yeux de fes Difciples, le Saint Efprit defcendit vifiblement fur eux le jour de la Pentecôte, & qu'étant dans la Ville de Jerufalem, felon l'ordre qu'ils avoient auparavant reçû d'y demeurer, ils fûrent remplis de ce divin Efprit, de forte qu'ils parlerent diverfes langues, & que les peuples des differentes nations qui étoient alors affemblés pour les écouter, furent furpris de ce que chacun d'eux les entendoit parler en fa propre langue? (a) Mais ces hommes, dont nous parlons, féduifent aifément les perfonnes qui méprifent la foi Catho-

Ils défendent d'enfeigner aux peuples que la lecture des Livres Saints leur eft indifpenfablement néceffaire, en tout tems & en tout lieu, comme fi l'enfeignement des premiers Pafteurs ne leur fuffifoit pas. C'eft fur ces maximes qu'eft fondée la condamnation des Propofitions de Quefnel, 79. 80. 81. 82. 83. 84. & 85. dans la Bulle *Unigenitus*.

(a) Trois degrés par lefquels on parvient à la feduction. Le premier eft l'indifference fur la Foi. On ne s'intereffe ni à fa confervation, ni à fon progrès; on en voit fans douleur l'affoibliffement & l'alteration; on ne s'opofe point à ceux qui la combattent; Et cette indifference paffe fouvent pour prudence & pour modération. Le fecond degré eſt la négligence qu'on aporte à s'inſtruire de la Foi. On ſe borne à la connoiſſance la plus ſuperficiele de la Religion, des motifs qui doivent nous y attacher, des regles qu'il faut ſuivre, des principes qu'il faut oppoſer à ſes ennemis. Rien de plus aiſé que d'être ſéduit lorſque l'on eſt dans de ſi dangereuſes diſpoſitions. Le troiſiéme degré eſt la facilité, & même l'empreſſement avec leſquels on écoute les Hérétiques. Leurs ouvrages ſont recherchés & lûs avec avidité. La nouveauté qu'ils enſeignent excite la curioſité, & fait trouver dans leur lecture un plaiſir funeſte. On y voit des difficultés propoſées de la maniere la plus ſéduiſante contre l'Egliſe & ſes Jugemens, & on ne ſe met pas en peine de chercher les réponſes qui y ont été faites dans les ouvrages des Défenſeurs de l'Egliſe. C'eſt ainſi que les héréſies ſe répandoient du tems de Saint Auguſtin, & qu'elles ſe répandent encore aujourd'hui.

lique, qui ne veulent point s'inſtruire de ce qui apartient à leur foi, manifeſtement enſeignée dans les Saintes Ecritures, & qui, ce qui eſt bien plus criminel encore, & bien plus affligeant, menant dans le ſein de l'Egliſe Catholique, une vie remplie de tiédeur & de négligence, écoutent les Hérétiques avec avidité.

31. N'Ecoutons point ceux qui croyent que la Sainte Eglife, qui eft feule Catholique, n'eft pas répanduë dans tout l'Univers, mais qu'elle réfide dans la feule Afrique, c'eft-à-dire, dans le parti de (a) Donat.

(a) IL y a eu deux Donats dans la Secte des Donatiftes. Le premier, venu de Numidie, commença le fchifme, en rejettant l'Ordination d'un Evêque reconnu par le Saint Siége & par toutes les Eglifes. Le fecond, beaucoup plus habile que le premier, foutint le Parti par fes écrits &

par fes intrigues, & plufieurs croyent que c'eft de lui que les Donatiftes ont pris leur nom. Ces Sectaires joignirent bien-tôt l'héréfie au fchifme, pour fe foutenir contre le Pape, & contre le corps Epifcopal uni à fon Chef. Comme ils n'étoient répandus que dans l'Afrique, ils étoient obligés de dire que l'Eglife concentrée dans leur parti, ne fubfiftoit point dans le refte du monde. Ils auroient bien voulu envahir le Siége de Rome, dont-ils voyoient l'autorité refpectée dans tout l'Univers. C'eft dans ce deffein qu'ils avoient toujours à Rome un Evêque de leur parti, qu'ils y envoyoient d'Afrique, ou qu'ils y alloient facrer, ne rougiffant pas de l'apeller l'Evêque de Rome. Leur nombre fe multiplia fi fort en Afrique qu'ils furent en état d'affembler des Conciles nombreux. Ils tou-

choient de compaffion la multitude, en exa-
gérant les peines & les perfecutions qu'ils
fouffroient, difoient - ils, pour la défenfe de
la vérité. Ce n'étoit pas feulement du fouverain Pontife & du corps Epifcopal qu'ils
fe plaignoient, ils accufoient l'autorité Sécu-
liere & l'Empereur lui - même des plus grands
excès contre eux, & ils ne ceffoient néanmoins de porter à fon Tribunal la caufe de
la Religion. Accablez par le poids de l'autorité Epifcopale, ils voulurent oppofer au
concert des Evêques, Dieu lui - même, en
feignant qu'il fe déclaroit pour eux par des
miracles éclatans, & ils en inventerent de
plufieurs fortes, qu'ils eurent le foin de mu-
nir d'une infinité de temoignages, pour les
faire recevoir par le Peuple. Ce que Saint
Auguftin oppofa alors à ces prétendus miracles, c'eft ce que les Evêques Catholiques
oppofent aujourd'hui aux faux miracles & aux
convulfions dont les Apellans voudroient fe
fervir pour foutenir leur caufe défefpérée. Le
fanatifme des Donatiftes dégénera enfin en
fureur, & plufieurs d'entre eux, qui furent
cependant défavoüés par les plus fages de
leur Parti, répandirent bien du fang, &
commirent les actions les plus cruelles. C'eft
ordinairement par là que finit le fanatifme.
V. St. Aug. l. *de Haeref. ad quod vult Deum.*

(*a*) Pour apliquer
aux Hérétiques de
ce fiécle ce que dit
ici Saint Auguftin,
il n'y a qu'à chan-

(*a*) Ainfi ferment-
ils les oreilles pour
n'entendre ni la
voix du Prophete;

Pf. 2.
7. & 8.

qui dit , *Vous êtes mon Fils , je vous ai engendré aujourd'hui , demandés moi ; & je vous donnerai toutes les nations pour votre héritage ; & j'étendrai votre empire jusques aux extremités de la terre ;* ni plusieurs autres textes de l'ancien & du nouveau Teſtament, qui ſemblent avoir été faits exprès pour prouver de la maniere la plus claire que l'Egliſe de J. C. eſt étenduë dans le monde entier. Et quand nous leur opoſons ces reſpectables autorités,

ger le mot de l'Afrique. Selon eux, le Pape & les Evêques ſont livrés à l'erreur. La vérité, l'eſprit, la ſcience, la pieté, l'Egliſe, ne ſubſiſtent plus que dans leur ſecte. C'eſt-à-dire, dans une très-petite portion du Royaume qu'ils habitent. C'eſt dire, à peu près, qu'il n'y a plus d'Egliſe. Un de leurs Chefs l'a oſé avancer. *Dieu,* diſoit-il, *m'a révélé de grandes choſes. Il n'y a plus d'Egliſe. Non il n'y a plus d'Egliſe.* V. la Vie de St. Vincent de Paul.

ils nous répondent que tout ce qui y eſt dit de l'Egliſe, avoit déja été accompli avant la naiſſance du Parti de Donat, mais que depuis ce tems-là l'Egliſe entiere a peri : & ils ſoutiennent que les précieux reſtes de cette Egliſe ne ſubſiſtent plus que dans le Parti de Donat.

(a) Une division semblable, & peut être plus grande encore, éclate aujourd'hui aux yeux de l'Univers parmi les Novateurs qui se révoltent contre les Decrets de l'Eglise. On voit dans leur parti des Figuristes, des Antifiguristes, des Convulsionistes, des Anticonvulsionistes, des Melangistes, des Augustinistes, des Vaillantistes, des Naturalistes, des sectes de toute espéce qui se déchirent mutuellement, & vangent l'Eglise de leurs attentats en dévoilant leurs odieux & impies mystéres. Comme Donat ils ont fait tous leurs efforts pour diviser Jesus-Christ, & ils sont eux-mêmes divisés, jusqu'à s'entre-détruire.

O langage superbe & impie ! il ne seroit pas tolérable quand même on les auroit toujours vûs vivre de maniere à entretenir l'union & la paix dans leur Parti. Mais ils ne font pas réflexion que cet oracle du Seigneur, *de la mesure dont vous vous servirés, on s'en servira pour vous*, a été vérifié à la lettre dans la personne de Donat. Car comme il a fait tous ses efforts pour diviser Jesus - Christ, il est lui-même divisé par ses Disciples, parmi lesquels on voit chaque jour se former (a) de nouvelles sectes, ce qui vérifie encore cet autre oracle de J. C. *Qui se servira de l'épée,*

Matt. 7. 2.

Matt. 26. 52.

périra par l'épée. L'épée dans cet endroit, puifqu'elle eft employée pour une mauvaife action, eft prife pour cette langue de difcorde & de divifion dont ce malheureux s'eft fervi pour fraper l'Eglife, qu'il n'a pû faire périr. Car le Seigneur n'a pas dit qui fera périr par l'épée, périra par l'épée; mais il a dit, *qui fe fervira de l'epee, perira par l'épée.* La langue féditieufe de Donat a donc porté de rudes coups à l'Eglife par les divifions & par les difputes qu'elle a fait naître dans fon fein, mais ces mêmes coups retombent fur lui; de forte que c'eft fa propre langue qui a caufé fa perte & qui lui a enfin donné la mort. L'Apôtre Saint Pierre cependant avoit tiré l'épée & il en avoit frapé, lorfque J. C. l'en reprit. Il ne l'avoit pas fait par un excès d'orgueil, mais par un mouvement qui, quoique trop humain, ne venoit cependant que de fon amour pour fon divin Maître. (*a*) Auffi remit-il fon épée dans le fourreau, dès que le Seigneur lui eut ordonné de le faire.

(*a*) Admirable docilité de St. Pierre ! Etrange opiniâtreté de Donat ! La foumiffion fit toujours le caractere des véritables enfans de

Q

l'Eglife; la réfiftance & le foulevement, celui de fes ennemis. On a vû de nos jours renouveller l'exemple de St. Pierre, & celui de Donat. Un grand Evêque refpectable par mille titres, fe foumet & prononce publiquement lui-même fa condamnation, dès-qu'il aprend que le Vicaire de J. C. avoit prononcé contre la Doctrine de fon Livre. Un fimple Prêtre fans rang, fans autorité, fans miffion, refifte au Chef & au corps des premiers Pafteurs qui avoient profcrit fon Livre.

Donat au contraire refufa d'obéir, même après avoir été vaincu; car ayant défendu fa caufe avec l'Evêque Cœcilien en préfence (a) des Evêques affem-

(a) Les Hérétiques ne demandent jamais fincerement à être jugés, parce qu'ils font réfolus de ne fe foumettre jamais. Donat vouloit, difoit-il, être jugé à Rome; il y fut condamné, & il ne fe foumit point. Luther apella du Jugement de Leon X. au futur Concile; dès-qu'il vit qu'on affembloit le Concile, il déclara à Smacalde qu'il ne s'y foumettroit point, & fes Difciples en ont en effet rejetté les Canons. Les Pelagiens qui ont donné l'exemple de ces fortes d'apels, ne furent pas plus foumis aux décifions du Concile d'Ephefe. Si l'hérétique vouloit fincerement fe foumettre à l'autorité de l'Eglife, il ne pouroit la méconnoître dans le corps des premiers Pafteurs, infaillible en tout tems, dans le Concile & hors du Concile, dans les tems de trouble & dans les tems de paix, dans la perfecution

blés à Rome, qu'il avoit lui-même demandés pour juges, & n'ayant rien pû prouver de tout ce qu'il avoit avancé, il refusa de se soumettre, & persista dans le schisme. De maniere (*a*) qu'il périt par sa propre épée. Mais pour ce qui est des peuples engagés dans son parti, puis-

& hors de la persécution : parce que J. C. est tous les jours avec eux jusqu'à la consommation des siécles.

(*a*) Il périt par sa propre épée, c'est-à-dire, par le schisme qu'il avoit formé ou fortifié dans l'Eglise. Le schisme est different de l'héréfie. L'héréfie est oppofée à la Foi, & le schisme à la charité. L'héréfie est un attachement opiniâtre à une erreur contradictoirement oppofée à une vérité de Foi. Le schisme est une féparation d'avec le Chef ou les Membres de l'Eglise. L'héréfie & le schisme forment l'une & l'autre des focietés particulieres. Mais l'héréfie rejette quelque vérité de Foi, & le schisme, précisément pris, n'en rejette aucune. Le schisme produit infailliblement l'héréfie, lorfqu'il est formé à l'occafion de quelque dogme, fur lequel l'Eglise a prononcé, parce que les Schifmatiques ne peuvent alors justifier leur refiftance que par des principes hérétiques. Donat n'étoit pas dans ce cas au commencement de son schisme. Il ne laissa pas d'y tomber bien-tôt, parce qu'en matiere de schisme & d'héréfie, un abîme attire toujours un autre abîme plus profond que le premier.

(*a*) Cette marque de l'Eglife la rend vifible à tous les Sectaires qui ne ferment pas les yeux de peur de la voir, & devroit étouffer toutes les héréfies dans leur berceau. On difoit à Luther lorfqu'il commençoit fa pretenduë Reforme à Vittemberg, votre Parti n'eft point répandu dans l'Univers, ce n'eft donc pas l'Eglife. On dit aux Difciples de Janfenius, vos dogmes ne font reçûs de perfonne hors des limites de la France ; ce ne font donc pas les dogmes de l'Eglife.

(*b*) Les Hérétiques ont l'oreille droite coupée dans le fens de Saint Auguftin, parce qu'ils font

qu'ils méprifent la voix des Prophetes & celle de l'Evangile, qui enfeignent manifeftement que (*a*) l'Eglife de J. C. eft répanduë parmi toutes les Nations de la Terre, & qu'à ces infaillibles autorités ils préférent celle des fchifmatiques qui cherchent leur propre gloire, & non celle de Dieu ; ils prouvent affés qu'ils ne font point libres, mais efclaves ; & que comme tels, ils ont (*b*) l'oreille droite coupée. Car ce n'eft pas à un homme libre, mais à un ferviteur que

fourds aux decifions de l'Eglife qu'ils devroient écouter. Ils ont l'oreille gauche ouverte, parce qu'ils écoutent ce que les Seducteurs, ou leurs propres paffions leur infpirent. Ils font efclaves, parce qu'ils font foumis à un indigne maître, qui eft le Demon.

Saint Pierre par un tranfport d'amour indifcret pour J. C., coupa l'oreille droite. De là nous devons juger que tous ceux qui font (*a*) frapés par l'épée du fchifme, font (*b*) efclaves de leurs paf-

(*a*) St. Auguftin a reproché à Donat d'avoir frapé de l'épée du fchifme ; & il dit ici que les Hérétiques & les Schifmatiques en font frapés. Ces expreffions, qui paroiffent contraires, fe concilient aifément. Les Hérétiques & les Schifmatiques frapent, en effet, de l'épée du fchifme, & ils en font frapés. Ils en frapent l'Eglife, dont-ils fe féparent par leur défobéiffance & par leur incredulité, quelques proteftations qu'ils faffent quelquefois de vouloir vivre & mourir dans fon fein. Ils s'en frapent eux-mêmes, parce qu'ils fortent de l'unique troupeau qui a J. C. pour Chef. Ils en font frapés, parce que l'Eglife lance contre eux l'anathéme, & les livre à Satan, felon l'expreffion de St. Paul, en les excommuniant.

(*b*) Il y a des Hérétiques & des Schifmatiques qui paroiffent ennemis des paffions charnelles, d'où leurs partifans pouroient conclure qu'ils ne font donc ni Hérétiques, ni Schifmatiques, puifque St. Auguftin regardoit ceux qui le font comme des efclaves de ces infames paffions. Cette conclufion feroit très-oppofée aux principes de St. Auguftin & à l'aplication qu'il en fait ici. Car les Donatiftes, dont-il parle, avoient parmi eux des hommes d'une vie fi auftére, que le Parti croyoit pouvoir les donner pour des Saints à miracles ; mais ils n'en étoient pas moins les esclaves des passions charnelles , puisqu'ils étoient les esclaves de leur héréfie qui, selon St. Paul , est une œuvre de la chair. Mais comment l'héréfie est-elle une œuvre de la chair ? C'est qu'elle prend sa source dans la concupicence , comme toutes les autres œuvres dont Saint Paul fait l'énumeration. *Ad gal. c. 5.*

(*a*) Quelque sçavant & quelque saint que paroisse, ou que soit un homme , ce n'est point en lui que nous devons mettre notre confiance , en matiere de Foi. L'Eglise feule peut fixer notre croyance , parce qu'elle est feule infaillible.

(*b*) St. Augustin ne dit pas, annoncée

fions charnelles , qu'ils ne joüissent point encore de cette liberté du St. Esprit qui leur auroit apris à ne plus mettre leur confiance dans un (*a*) homme, & qu'ils n'entendent point du côté droit , c'est-à-dire , qu'ils méprisent la gloire de Dieu, (*b*) annoncée par l'Eglise Catholique dans toutes les contrées de l'Univers : Mais qu'ils n'entendent que du côté gauche, c'est-à-dire , qu'ils se livrent à l'erreur enfantée par l'orgueil de quelques hommes superbes. Mais cependant, puisque le Seigneur a dit dans l'Evangile, que lorsque cet Evangile aura été annoncé à toutes les nations , alors toutes choses finiront, comment ces Novateurs peuvent-ils dire qu'il n'y a plus à présent de foi chés toutes les autres nations, & que (*a*) l'Eglise ne subsiste plus que dans le seul Parti de Donat? Etant très-constant que depuis que leur secte a été retranchée de l'Unité, quelques nations ont embrassé la foi, & qu'on ne cesse de precher l'Evangile à d'autres peuples qui ne l'ont pas encore embrassée. Qui ne sera étonné qu'il puisse se trouver quelqu'un qui voulant porter encore le nom de Chretien, ose cependant s'élever contre la gloire de Jesus-Christ, avec assés d'impieté

dans un Concile. Il ne restraint point la promesse du Fils de Dieu. Il reconnoit expressément ici l'infaillibilité de l'Eglise répanduë dans toutes les contrées de l'Univers. Si ceux qui demandent des Conciles pour fixer leur foi sont véritablement ses Disciples, qu'ils aprennent de lui que le Tribunal qui a déja prononcé, est aussi infaillible que le Concile, & que, comme Malchus, frapés par l'épée de Pierre, ils n'entendent point du côté droit, tandis qu'ils refusent de se soumettre au jugement de cet auguste Tribunal.

(*a*) On peut encore apliquer ce trait aux Hérétiques de ces derniers tems : Car, premierement, ils osent dire que l'Eglise ne subsiste plus que dans leur

Parti. Secondement, il est constant que depuis la naissance de leur hérésie il y a des nations qui ont embrassé la Foi de Jesus-Christ. Une grande partie de l'Asie & de l'Amerique a été convertie à la Foi depuis l'apostasie de Luther & de Calvin, & pour ne pas remonter si haut, il y a en Amerique des peuples, tels que sont les Galibis, qui ont élévé des Eglises & des Autels à J. C., depuis la naissance du Jansenisme. Troisiémement, il est encore constant qu'on ne cesse de precher tous les jours l'Evangile à des peuples qui ne l'ont point encore reçû. Les zélés Missionnaires employés à ces fonctions arrosent les terres infidéles non-seulement de leurs sueurs, mais très-souvent

pour ne pas craindre d'avancer que tous les peuples des nations que l'on voit encore aujourd'hui entrer dans le sein de l'Eglise de Dieu, & s'empresser de faire profession de croire en J. C. son Fils, le font inutilement, parce qu'ils ne reçoivent pas le Baptême des mains de quelque Donatiste? Il est certain qu'il n'y a point d'homme qui n'eut une telle doctrine en exécration, & qui n'abandonnat sur le champ ceux qui l'enseignent, s'il cherchoit véritablement Jesus-Christ, s'il aimoit l'Eglise, s'il étoit libre, s'il avoit encore l'oreille droite dans son entier.

encore de leur fang. Le nombre de ces Martyrs eft trop grand pour entrer ici en quelque détail fur cela : Il augmente même d'année en année, & vous avez apris depuis peu le glorieux témoignage que viennent de rendre à J. C. par leur martyre dans le Tonquin, quatre Miffionaires d'une compagnie féconde en Martyrs, & extrémement odieufe à tous les ennemis de l'Eglife. Quatriémement, à ces traits on peut en ajouter un autre, que Saint Auguftin ne touche pas ici ; c'eft que les Donatiftes ne préchoient point la Foi aux Infidéles. On a vérifié dans tous les fiécles que les Hérétiques ne fçavent point faire des Chrétiens, & qu'ils ne réuffiffent qu'à pervertir des Catholiques. Le fameux Tavernier, tout Proteftant qu'il étoit, n'a pû s'empêcher d'en faire des reproches aux nations Proteftantes.

CHAP. XXX.

32. N'Ecoutons point (a) ceux qui quoiqu'ils ne rebaptifent perfonne fe font cependant féparés de l'unité, & ont mieux aimé opiniâtreté contre le fentiment du corps des premiers Pafteurs uni au Chef vifible de l'Epifcopat & de l'Eglife, lui fit perdre le fruit des glorieux combats qu'il avoit foutenus

(a) TRop de févérité dans la difcipline Eccléfiaftique, & un zéle trop amer contre ceux qui avoient trahi la Foi, rendirent Lucifer de Cagliari fchifmatique. Son

R

contre les Diſciples d'Arius. Avant ſa chute, on ne comptoit ſes années que par ſes triomphes, & quelquefois par ſes exils. Il y a quelques preuves qu'il n'eſt mé porter le (a) nom de Luciferiens que celui de Catholiques. Ils font bien en ce qu'ils (b) reconnoiſſent qu'il ne pas mort dans le ſchiſme. Si cela eſt, ſes Diſciples n'imiterent point ſa ſoumiſſion. On les a accuſés d'avoir ajouté à leur ſchiſme une héréſie touchant la nature & la propagation des ames. Mais quand ils s'en feroient tenus à leur ſchiſme, ce feroit, dit Saint Auguſtin, une queſtion de ſçavoir ſi par leur opiniâtreté ils ne méritoient pas le titre d'Hérétiques.

(a) Tous les Hérétiques & tous les Schiſmatiques portent dans leur nom même des preuves de leur nouveauté. On les apelle du nom de leur premier Chef. Et le tems de ce premier Chef eſt l'époque de leur origine. Ainſi les Luciferiens dans la chaîne de leur tradition, & dans la ſucceſſion de leurs Evêques, ne remontoient pas au-deſſus de Lucifer Metropolitain de Cagliari. Les Lutheriens, les Calviniſtes & les Janſeniſtes ne remontent pas plus haut que Luther, que Calvin & que Janſenius.

(b) Il n'y a point eu d'Hérétiques qui n'ayent reconnu quelque vérité, & par conſéquent qui n'ayent été loüables en quelque point. Ils n'ont point eu cependant de Foi ſurnaturelle, parce qu'ils n'ont pas été ſoumis à la regle de la Foi.

faut pas réiterer le Baptême : car ils pensent que ce Sacrement qui éface le péché originel ne peut jamais venir que de l'Eglise Catholique, & que les branches coupées & retranchées du sep de la vigne ont retenu la vérité de ce Sacrement, qu'elles avoient reçûë dans cette vigne, avant que d'en être séparées. C'est d'eux dont l'Apôtre a parlé lorsqu'il a dit (*a*) qu'ils *ont à la vérité les dehors de la pieté, mais qu'ils renoncent à ce qu'elle a de solide, & qu'ils en ruinent l'esprit.* (*b*) Car l'esprit

2. Tim. 3. 5.

(*a*) Ces paroles de l'Apôtre renfermoient une prédiction qui devoit s'accomplir dans tous les Hérétiques, non-seulement du tems de Thimothée, mais encore de tous les siécles de l'Eglise. Elle s'est en effet accomplie, même dans ceux qui ont eu les mœurs les plus corrompuës. Ils ne séduiroient que bien peu de personnes s'ils n'empruntoient pas les dehors de la pieté, & les attraits de la vertu. L'Apôtre finit le caractére prophétique qu'il fait des Hérétiques par ce précepte, qui conserve dans la Foi ceux qui l'observent ; *& hos devita.* Evités encore ces sortes de gens. Traduction plus litterale que celle de Dom Calmet, qui a traduit *évités les donc.*

(*b*) Cette regle de St. Augustin pour juger du véritable esprit de pieté est certaine & invariable. C'est par cette regle que l'on découvre l'illusion de la pieté aparente de tous les Sectaires.

(a) On peut être retranché de l'Unité de deux manieres. Ou parce qu'on se sépare soi-même de la Communion extérieure de l'Eglise Catholique, comme firent les Lutheriens & les differentes sectes de Protestans; ou parce qu'on en est retranché par l'anathéme. Elever une Chaire contre la Chaire Apostolique & contre l'enseignement commun des premiers Pasteurs, c'est rompre l'Unité dans le dogme. De quelque maniere qu'on la rompe, on renonce à ce que la pieté a de solide, & on ne peut en avoir le vrai esprit, quelque soin que l'on ait d'en emprunter le langage, & toutes les aparences.

& la solidité de la pieté consistent dans la paix & dans l'unité, parce qu'il n'y a qu'un Dieu. Et ils n'ont point cet esprit de pieté, puisqu'ils sont (a) retranchés de l'Unité. Quand donc quelques-uns d'entre eux se rendent à l'Eglise Catholique, ils ne prennent point de nouveau les aparences de pieté, ils les ont déja, mais ils prennent l'esprit & la vérité de la pieté qu'ils n'ont pas. Car l'Apôtre nous enseigne très-clairement que les branches qui ont été coupées, pourvû qu'elles renoncent à leur incredulité, peuvent être entées de nouveau sur la tige. Ce n'est point parce que les Luciferiens en conviennent & qu'ils ne rejettent pas le Baptê-

Rom.
11. 23.

me que nous les blamons. Mais qui pouroit ne pas regarder comme une chose détestable, qu'ils ayent voulu être retranchés de la (a) racine ? Et cela principalement parce qu'ils (b) ont vû avec peine dans l'Eglise Catholique ce que la sainteté de cette Eglise exige véritablement d'elle. C'est, en effet, dans l'Eglise Catholique, plus que partout ailleurs, que la miséricorde doit être exercée dans toute son étenduë. Véritable & tendre mere, elle ne doit point insulter avec hauteur & avec dureté au malheur de ceux de ses enfans qui ont péché, (c) ni accorder difficilement le pardon à

(a) La racine, c'est Jesus-Christ. On est séparé de Jesus-Christ, lorsqu'on est retranché de l'Eglise.

(b) L'esprit de l'hérésie est un esprit dur & cruel. Il blâme presque toujours l'indulgence & la miséricorde qu'on exerce dans l'Eglise Catholique à l'égard des pécheurs.

(c) C'est cette Doctrine de Saint Augustin qui a toujours été celle de l'Eglise ; c'est elle que le Pape & le Corps Episcopal ont enseignée dans la Constitution *Unigenitus*, en condamnant les Propositions 87. 88. 89. du Livre des Reflexions Morales.

(*a*) Saint Pierre repréſente l'Egliſe, comme le Chef repréſente le Corps. C'eſt en cette qualité, diſent les Theologiens François, qu'il poſſede la pleinitude de la puiſſance Apoſtolique. Voyés le Sermon de M. Boſſuet Evêque de Meaux, preché à l'ouverture de l'Aſſemblée du Clergé en 1681. ceux d'entre eux qui ont reconnu leurs fautes & qui s'en ſont corrigés. Ce n'eſt pas ſans raiſon que Pierre, préférablement à tous les autres Apôtres a (*a*) repréſenté cette Egliſe Catholique. (*b*) Car les clefs du Royaume

(*b*) Les Clefs ont été données à l'Egliſe lorſqu'elles ont été données à Pierre, parce que Pierre eſt le Chef de l'Egliſe, & qu'il a reçû les Clefs pour le bien de l'Egliſe. Les Clefs lui furent données lorſque J. C. lui dit en Saint Matthieu chap. 16. *Et moi je vous dis que vous êtes Pierre; & que ſur cette pierre je bâtirai mon Egliſe. . . Je vous donnerai les Clefs du Royaume des Cieux. Tout ce que vous lierés ſur la Terre ſera lié auſſi dans le Ciel; & tout ce que vous délierés ſur la Terre, ſera délié auſſi dans le Ciel.* Tout eſt ſoumis à ces Clefs, dit M. Boſſuet dans le Sermon que nous venons de citer. *Tout, mes Freres, Rois & Peuples, Paſteurs & Troupeaux.* J. C. donna auſſi aux Apôtres, en St. Matthieu chap. 18. un pouvoir univerſel de lier & de délier. Mais il y a de la différence entre Pierre qui

des Cieux ont été données à l'Eglise, lorſqu'elles ont été données à Pierre. Lorſqu'il lui fut dit; (a) *M'aimés vous ? Paiſſés mes Brebis.* Ces eſt le Chef, & les autres Apôtres. Car en parlant à Pierre, il parloit à lui ſeul; & par là, dit encore M. Boſſuet, *il rangea ſous la puiſſance de Pierre chacun de ceux à qui il devoit dire dans la ſuite, tout ce que vous remettrez, &c.* au lieu qu'en parlant aux Apôtres il parloit à tous. *La puiſſance donnée à pluſieurs,* dit le même Prélat, *porte ſa reſtriction dans ſon partage, au lieu que la puiſſance donnée à un ſeul & ſur tous, & ſans exception, emporte la pleinitude.*

Joan. 21. 17.

(a) Ces paroles, *m'aimés vous ?* furent adreſſées à tous dans la perſonne de Saint Pierre, parce que le Chef repréſente tout le Corps, & qu'il doit ſervir de modéle aux autres membres, & que tous, ſans exception, doivent aimer Jeſus-Chriſt. Celles-ci, *paiſſés mes brebis,* furent adreſſées dans ſa perſonne à tous les Evêques, en entendant par le nom de Brebis les ſimples Fidéles : parce que Pierre en qualité de Chef, doit être le modéle de l'Epiſcopat, & que tous les Evêques ſont Paſteurs. Par ces mots, *paiſſés,* J. C. recommandoit au Chef, & dans ſa perſonne à tout l'Epiſcopat, de conduire les Fidéles ſoumis à leur juriſdiction, comme les Paſteurs conduiſent leurs troupeaux. D'où St. Auguſtin conclud contre les Luciferiens qu'une ſeverité inflexible dans les Evêques, seroit opposée au précepte de J. C. Outre cette interprétation de Saint Augustin, on en donne aux mêmes paroles, une autre très vraie & très-naturelle. M. Bossuet l'exprime ainsi dans le même Sermon que nous avons déja cité. *C'est à Pierre qu'il est ordonné premierement d'aimer plus que tous les autres Apôtres, & ensuite de paître & gouverner tout, & les Agneaux & les Brebis, & les peres* mêmes paroles furent adressées à tous dans sa personne. L'Eglise Catholique doit donc se faire un plaisir de pardonner à ses enfans relevés de leurs chûtes & affermis par la pieté; puisque nous voyons (*a*) Pierre qui la représente, (*b*) après avoir doûté en marchant sur les eaux, après avoir, par un mouvement trop hu-

Matt. 14. 30. 16. 22.

& les meres, & les Pasteurs mêmes. Pasteurs à l'égard des peuples, & Brebis à l'égard de Pierre, ils honorent en lui Jesus-Christ, &c.

(*a*) Plus les graces qu'avoit reçûës Saint Pierre étoient grandes, plus la dignité que le Fils de Dieu lui avoit destinée étoit relevée, plus aussi ses chûtes devoient elles paroître griéves. Ainsi le pardon que J. C. lui a accordé de toutes ses fautes est il propre à faire connoître aux premiers Pasteurs combien ils doivent être empressés à pardonner au Pécheur pénitent.

(*b*) De toutes les fautes de St. Pierre qui font

main, voulu détourner le Seigneur de souffrir la mort, après avoir d'un coup d'épée coupé l'oreille à un des gens du Grand-Prêtre, après avoir même renoncé le Seigneur jusques à trois

Matt. 26. 51. 70. &.

font raportées ici, la derniere est la seule qu'on puisse dire qu'il ait commise depuis qu'il eut pris le gouvernement de l'Eglise. St. Clement d'Alexandrie, & plusieurs autres Auteurs anciens & modernes ont prétendu que cette faute ne pouvoit lui être imputée, & que Cephas qui fût repris par St. Paul, étoit, non le chef de l'Eglise, mais un des soixante-douze Disciples. Les raisons que ces Auteurs donnent de leur sentiment, si elles ne font pas tout à fait convaincantes, font au moins très fortes & très dignes d'attention. St. Augustin & St. Jerôme croyent que St. Pierre étoit ce Cephas. Mais ils expliquent ce fait différemment. St. Jerôme soutient que St. Pierre ne fût point coupable en cela, & que la repréhension que fit St. Paul, avoit été concertée entre St. Pierre & lui. St. Augustin au contraire soutient qu'il n'y eut rien de concerté entre eux, & que St. Pierre étoit en effet repréhensible. Mais sa faute ne donna aucune atteinte à la vérité de sa prédication. C'étoit une faute de conduite & non d'enseignement. *Non docentis imperio, sed conversationis exemplo,* dit St. Jerôme, en raportant en abregé le sentiment de St. Augustin. (Epist. 75. int. Augustin.) Quesnel a pris occasion de ce fait pour déclamer contre le Saint Siége.

S

(a) Ces Evêques durant leur égarement, se glorifioient encore d'être membres de l'Eglise Catholique. S'ils ne suivoient pas la Doctrine enseignée par le Saint Siége & par les autres Evêques unis dans le dogme avec le St. Siége, c'étoit, disoient - ils, à regret, & parce qu'ils ne vouloient pas trahir la vérité. Ils se rassuroient sur leurs lumieres, sur la prétendüe sainteté, & sur le rang d'un grand nombre d'entre - eux. Car ils comptoient des Primats & des Patriarches dans leur Parti. Mais revenus de leur égarement ils reconnurent qu'il n'y avoit de lumieres pures & de véritable sainteté que dans le Corps des Evêques unis au Pape, & dans les Fidéles qui leur sont soumis.

fois, & avoir dans la suite usé d'une dissimulation superstitieuse, obtenir le pardon de toutes ces fautes, & rélevé de ses chutes, affermi dans la foi, parvenir jusques à la gloire de mourir sur une croix, comme J. C. C'est pourquoi la persécution suscitée par les Hérétiques Ariens ayant cessé, & cette paix, dont l'Eglise joüit encore aujourd'hui, lui ayant été rendüe, même par les Princes du siécle, plusieurs Evêques qui, pendant cette persecution, avoient suivi le rebelle & perfide parti des Ariens, revenus de leur égarement demanderent à rentrer (a) dans l'Eglise Catholique, condamnant, ou ce

Galat. 2. 13.

qu'ils avoient crû véritablement, ou ce qu'ils avoient feulement fait femblant de croire. L'Eglife Catholique les reçût alors dans fon fein maternel, comme (*a*) Pierre lorfqu'averti de fon infidélité par le chant du Coq, il eut pleuré amérement, ou lorfque repris par St. Paul, il eut (*b*) reconnu l'irrégularité de fa

(*a*) St. Auguftin ne veut pas dire que ce fut l'Eglife qui reçût Saint Pierre à pénitence après qu'il eut rènoncé J. C., puifqu'il eft indubitable que ce fut J. C. qui l'y reçût lui-même. Il ne veut pas dire non plus que la faute que St. Paul reprit dans lui, l'eût retranché du corps de l'Eglife, ou lui eût fait perdre fa place, en forte qu'il eut eu befoin du miniftére de l'Eglife pour y rentrer. Cela eft évidemment contraire à ce qu'en dit St. Paul, & au fentiment de St. Auguftin. Mais il veut prouver par l'exemple de Saint Pierre, qu'il n'y a point de péché irremiffible, & qu'on ne doit point refufer au pécheur la grace du pardon, lorfqu'il eft véritablement pénitent.

(*b*) Cette diffimulation n'étoit que dans la conduite, elle n'étoit point dans l'enfeignement; nous venons de le remarquer. *Non docentis imperio, fed converfationis exemplo.* Saint Paul ne jugea point fon fupérieur, mais il l'amena à connoître une faute qu'il faifoit dans fa conduite. St. Auguftin reléve à cette occafion l'humilité de Saint Pierre,

(Ep. 82.) Ceux qui prétendent que St. Pierre étoit dans l'erreur & qu'il l'enseignoit, tombent dans l'inconvenient que Saint Augustin reprochoit à Saint Jerôme, de rendre suspecte la Doctrine d'un Apôtre, & l'infaillibilité de ses écrits. Car s'il a erré dans un point de foi, il a pû errer dans les autres; s'il a pû se tromper dans sa prédication, il a pû se tromper dans ses écrits.

(a) Blâmer la conduite de l'Eglise, c'est selon le Saint Docteur, une insolente témerité; oser

diffimulation. C'est cependant (a) cette charité d'une véritable mere que les Luciferiens reprochent insolemment à l'Eglise, & qu'ils ont l'impieté de condamner. N'ayant donc point voulu prendre part au bonheur de Pierre qui se reléve de sa chûte après le chant du Coq, ils ont mérité de tomber dans l'abîme avec (b) Lucifer, qui paroissoit si brillant au point du jour.

Matt. 26. 75.

Isai. 15. 12.

la condamner, c'est une impieté. Etant coupable de ces excès, peut on avec vérité se glorifier d'être Disciple de St. Augustin?

(b) L'allusion que Saint Augustin fait ici au nom de Lucifer de Cagliari est d'autant plus juste & plus belle, que cet Evêque avoit brillé dans l'Eglise, & avoit frapé de son éclat, non-seulement l'Occident où étoit son Siége, mais encore l'Orient, où les affaires de la Religion l'apellerent.

33. N'Ecoutons point auffi (*a*) ceux qui difputent à l'Eglife de Dieu le pouvoir qu'elle en a reçû, de remettre tous les péchés. C'eft ainfi que ces infortunés ne reconnoiffent point la (*b*) pierre dans St. Pierre; & ne voulant

(*a*) C'Etoient les Novatiens qui ôtoient à l'Eglife le pouvoir de remettre les péchés. C'eft de ces Hérétiques que les Proteftans ont emprunté la même erreur. Saint Auguftin dit qu'ils font nommés Novatiens du nom de Novat Prêtre Afriquain ; & Dupin veut que leur nom vienne de Novatien le premier de tous les Anti-Papes. Novat & Novatien concoururent l'un & l'autre à former la fecte, mais Novatien y contribua plus que Novat, par fa fcience. Les Novatiens ont eu plufieurs Evêques, dont quelques-uns occupoient de grands Siéges. Ils fe vantoient d'avoir le Souverain Pontife à leur tête ; donnant ce nom à leur Anti-Pape. Ils aprouvoient le Symbole de Nicée & fe plaignoient que leurs adverfaires vouluffent ajouter au Symbole. On a fouvent vû renouveller cette plainte par les Hérétiques qui les ont fuivis.

(*b*) Saint Pierre eft la pierre fur laquelle l'Eglife eft fondée. Dès-qu'on reconnoît cette pierre, on reconnoît où eft l'Eglife invincible aux puiffances de l'Enfer. Les Novatiens ignoroient cette vérité, puifqu'ils fe féparoient du

Succeſſeur de Saint Pierre, & qu'ils enſeignoient une doctrine contraire à celle du ſaint Siége & du Corps Epiſcopal de ſa communion. On peut reprocher cette pas croire que les clefs du Royaume des Cieux ayent été données à (*a*) l'Egliſe, ils les ont eux-ignorance à tous les Hérétiques, ſans exception.

(*a*) Nous avons expliqué en quel ſens le pouvoir des clefs a été donné à l'Egliſe. Il eſt de foi qu'il eſt *ſubjectivement*, non dans le corps des Fidéles, mais ſeulement dans le Pape, dans les Evêques, & ſous leur autorité, dans les Prêtres légitimement ordonnés. Le Pape a la pleinitude de puiſſance, ainſi que nous l'avons remarqué plus haut, & que l'expliquent les Théologiens François. La puiſſance des Evêques étant diviſée, elle porte par là ſa reſtriction. Les Prêtres n'ont de ce pouvoir que la portion qui leur eſt communiquée par leurs Evêques. Perſonne n'ignore les erreurs des Proteſtans & de Richer ſur cet article. Queſnel les renouvelle en partie, en enſeignant dans la quatre-vingt dixiéme de ſes Propoſitions condamnées, que ce pouvoir, au moins quant à l'excommunication, ne peut être exercé par les premiers Paſteurs que du conſentement, au moins préſumé, de tout le Corps. L'erreur de cette Propoſition condamnée par la Bulle *Unigenitus*, avoit déja été réprouvée par le ſaint Concile de Trente. Seſſ. 23. c. 4.

mêmes (a) laiſſé tomber de leurs mains. Ce ſont eux qui condamnent (b) comme adulteres les Veuves qui ſe remarient, & qui ſe vantent de

(a) Les Evêques Schiſmatiques en formant le ſchiſme, renoncent preſque toujours aux plus beaux priviléges de l'Epiſcopat. Ceux du parti de Novat ſe dépouillerent du pouvoir des clefs, &

ceux des Etats Proteſtans, en croyant ſecoüer le joug du ſaint Siége, ſe trouverent ſoumis au caprice des Miniſtres & des peuples rebelles. On en a vû qui, pour ne pas reconnoître l'autorité du Corps Epiſcopal, ſe ſont aſſociés & ont érigé en premiers Paſteurs le ſecond Ordre du Sacerdoce, & même la plus vile populace ; aimant mieux dégrader l'Epiſcopat dans leur perſonne que d'en reconnoître les droits ſacrés.

(b) L'héréſie eſt ordinairement outrée dans ſes expreſſions & dans ſa morale ſpeculative. Elle aime à confondre les conſeils & les préceptes, comme ſi elle vouloit réformer la Doctrine de Jeſus-Chriſt. Elle a toujours cependant des reſſources pour favoriſer le libertinage. Ainſi les Novatiens condamnoient les ſecondes Noces, & en ôtant au pécheur l'eſpoir du pardon, ils le forçoient à vivre dans le crime. De même ceux qui ſe donnent aujourd'hui pour les Réformateurs de la morale, plongent dans toute ſorte de déſordre l'homme vicieux & l'y retiennent, en lui perſuadant qu'il ne peut les eviter.

(a) La pureté de la Morale est encore aujourd'hui le grand nom dont cherchent à se couvrir les Novateurs. S'ils désobéissent au Sacerdoce & à l'Empire, c'est, disent-ils, pour soutenir la pureté de la Morale; à quoi ils ajoutent les grandes maximes du Royaume. Les Novatiens se faisoient apeller Cathares, c'est-à-dire, purs, & ceux dont nous venons de parler se donnent pour les défenseurs de la Grace & de la Morale de J. C.

(b) L'orgueil & l'ambition sont les passions les plus dominantes dans le monde. Ces deux passions caractérisent l'hérésie, & se font remarquer jus-

(a) suivre une morale plus pure que celle que les Apôtres ont enseignée. S'ils vouloient le reconnoître de bonne foi, ils avoüeroient que le nom de purs dont-ils se glorifient, leur convient beaucoup moins que celui de (b) mondains. Car ne voulant point être corrigés après leur péché, ils n'ont rien à attendre, selon le choix qu'ils ont fait eux-mêmes, que d'être condamnés avec ce monde. (c) Ils ne fournissent, en effet, à ceux à qui ils refusent le pardon de leurs péchés aucun moyen

ques dans les actions des Hérétiques les plus humbles en aparence.

(c) Le desespoir ou l'incrédulité sont les seuls fruits des hérésies, qui ferment au pécheur toute ressource pour retourner à Dieu.

de recouvrer la santé pour les empecher de périr. (*a*) Ils privent même les malades du remede nécessaire pour la guérison de leurs maux ; & en défendant à leurs Veuves de se marier, (*b*) ils les exposent aux plus violentes tentations. Car on ne doit pas les croire plus prudens & plus éclairés que l'Apôtre St. Paul, qui a dit qu'il vaut mieux pour elles *se marier que de brûler,*

i. Cor.
7. 9.

(*a*) L'esprit de l'héréfie est ennemi de la réconciliation des pécheurs dans les Sacremens, qu'il attaque de différentes manieres. Dans les Novatiens, il en contestoit la vertu. Dans d'autres Hérétiques, il en détruit artificieusement la nécessité. Voyés notre Instruction Pastorale contre les Traités de Pieté du Sieur Hamon.

(*b*) Une severité outrée dans les Ministres du Seigneur, expose souvent les ames aux plus violentes tentations, au découragement, au

désespoir, au libertinage, à l'impénitence finale, à la mort éternelle.

Chap. XXXII

34. **N**'Ecoutons point (*a*) ceux qui nient la future résurrection de la chair, & qui voudroient autoriser

(*a*) **S**T. Augustin (*lib. de hær.*) met au nombre de ces Hérésiarques Marcus Colerbasus, & les Seleuciens. Les
T

incredules combattent aussi la résurrection de la chair, mais sur d'autres principes que ceux des Hérétiques. Les premiers ne reconnoissent pas l'autorité de la vraie Eglise ; & les seconds rejettent toute religion révélée. On convainct les premiers par l'autorité des Ecritures ; & les seconds, par les motifs de credibilité qui démontrent la divinité de la Religion Chrétienne.

leur erreur par ces paroles de l'Apôtre St. Paul ; (a) *la chair & le sang ne sçauroient posseder le Royaume de Dieu.* Ne faisant pas attention que le même Apôtre, dont-ils empruntent les paroles, a dit aussi ; *il faut que ce corps corruptible soit revêtu d'incorruptibilité, & que ce corps mortel soit revêtu d'immortalité.* Car quand ce corps en aura été revêtu,

1. Cor. 15. 50.

Ibid. 53.

(a) St. Augustin dans le second livre de ses Rétractations, chapitre 3. avertit ; " Qu'il ne faut pas penser " que l'Apôtre, en parlant de la sorte, ait " voulu dire que la substance de la chair ne " subsistera pas après la résurrection, mais " qu'il a voulu par ces mots de chair & de " sang, parler de la corruption de la chair " & du sang qui ne subsistera point dans le " Royaume de Dieu, ou la chair sera incor- " ruptible. Le saint Docteur dit encore, qu'on " peut croire aussi que St. Paul, par la chair " & par le sang, a voulu exprimer les œuvres " de la chair & du sang, & assurer que qui- " conque les aimera, & y persévérera, ne pos- " sedera jamais le Royaume de Dieu.

(*a*) il ne fera plus un corps de chair & de fang, mais un corps celefte. C'eft ce que promet le Seigneur, en parlant du tems de la réfurrection. *Il n'y aura alors*, dit-il, *ni maris ni femmes, mais on fera comme les Anges de Dieu.* Alors les hommes, devenus femblables aux Anges, ne vivront plus pour les autres hommes, mais pour Dieu feul. La chair & le fang feront donc changés & deviendront un corps celefte & Angelique. *Car les morts reffufciteront incorruptibles; & nous ferons changés*, de forte qu'il eft également vrai & que la chair réffufcitera (b) & que *la chair & le fang ne poffederont point le Royaume de Dieu.*

1. Cor. 15. 52.

(*a*) Ceci s'entend dans le fens que St. Auguftin lui-même a expliqué, & que nous venons de raporter dans la remarque précedente.

[*b*] Terrible vérité ! Ne fera-t'elle jamais d'impreffion fur les efprits & fur les cœurs de tant d'amateurs du monde de l'un & de l'autre fexe, dont la vie eft toute charnelle, & qui depuis bien des années, perfiftent dans les plus affreux défordres.

Chap. XXXIII.

35. AYant fuccé avec le lait cette (*a*) foi fimple & pure, nouriffons-

[*a*] C'Eft à la Foi fimple & pure qu'eft attaché notre falut; s'en éloigner, de quelque

maniere & fous quelque prétexte que ce foit, c'eſt vouloir fe perdre. La foi eſt ſimple lorſqu'elle ſe foumet ſans déguiſement, ſans équivoque, ſans conteſtation à l'enſeignement des premiers Paſteurs. Elle eſt pure lorſqu'elle n'eſt altérée par aucune ſorte d'erreur, ni d'opinion proſcrite.

[a] La voïe d'examen, que les Hérétiques aiment à propoſer à leurs Sectateurs, eſt une nouriture trop forte pour le très-grand nombre des Chrétiens. Elle devient funeſte à tous ceux qui n'y

nous en dans Jeſus-Chriſt : & puiſque nous ſommes encore des enfans, ne cherchons point des (a) alimens qui ne conviennent qu'à ceux qui ſont plus grands & plus forts que nous : mais nous contentant de la nourriture qui eſt pour nous la plus ſalutaire, croiſſons dans le Seigneur. (b) A la pureté de notre foi, joignons celle de nos mœurs, & la juſtice chrêtienne, qui renferme (c) un parfait amour de

joignent pas une humble docilité pour les Maîtres que J. C. leur a donnés. C'eſt-à-dire, pour les Succeſſeurs des Apôtres.

[b] Dans ces deux choſes, conſiſte en abrégé tout ce qui eſt néceſſaire au ſalut. Sans la Foi, on n'eſt pas chrétien ; & ſans la juſtice chrétienne, on eſt mauvais chrétien.

[c] Dieu nous ordonne de l'aimer. C'eſt le premier & le plus grand de ſes commendemens. Pour accomplir ce commendement l'amour d'eſpérance ne ſuffit pas, il faut un

Dieu, & du (a) prochain, afin que chacun de nous, avec la grace de J. C., dont nous sommes revêtus, (b) triomphe ainsi au dedans de soi-même, du Demon notre ennemi, & de ses Anges. Parce que la parfaite charité ne subsiste ni avec le desir du siécle, ni avec la crainte du siécle ; c'est-à-dire, ni avec le desir d'acquerir les biens temporels, ni avec la crainte de les perdre. Ce sont là les deux portes par lesquelles amour *parfait*, un amour de charité, par lequel nous aimons Dieu, comme infiniment aimable en lui-même. Cet amour de charité doit persévérer habituellement dans nous, & sans interruption. Mais cela ne suffit point encore pour l'accomplissement du précepte. Nous devons en former des actes fréquens. Sans cela, nous pourions avoir en aparence des mœurs exemplaires, mais nous n'aurions pas la justice chrétienne.

[a] Qui n'aime pas le prochain n'aime pas Dieu, puisqu'il désobéit à l'ordre de Dieu. Voyez ce que l'Apôtre St. Jean enseigne dans sa premiere Epitre sur l'amour du prochain.

[b] Aimer Dieu & le prochain de l'amour de charité, c'est-à-dire, aimer Dieu pour lui même, & le prochain à cause de Dieu ; c'est triompher indubitablement des ennemis de notre salut. Toute la foi & les Prophétes, dit Jesus-Christ, sont renfermés dans ces deux préceptes.

[*a*] La crainte est le commencement de la sagesse. Le Prophéte l'a enseigné, & Saint Augustin l'enseigne après lui ; & le Concile de Trente a décidé qu'elle est un don de Dieu. Comparés cette doctrine avec les Propositions de Quesnel sur la crainte, & en particulier avec celles-ci. *Si la seule crainte du supplice anime le repentir, plus ce repentir est violent, plus il conduit au désespoir.*

l'ennemi entre dans les cœurs, où il regne après s'y être introduit ; & d'où il faut le chasser d'abord (*a*) par la crainte de Dieu, & (*b*) ensuite par l'amour. Et parce que c'est par la (*c*) lumiere intérieure qu'on voit la vérité, & qu'on la connoît ; plus nous voyons croitre en nous cet amour, plus nous sentons que sa sim-

La crainte n'arrête que la main, & le cœur est livré au péché, tant que l'amour de la justice ne le conduit point.

Qui ne s'abstient du mal que par la crainte du chatiment, le commet dans son cœur, & est déja coupable devant Dieu. Prop. 60. 61. 62. condamnées par la Bulle *Unigenitus*.

[*b*] La crainte n'est pas la sagesse, elle n'en est que le commencement. Elle nous doit conduire jusqu'à l'amour de charité parfaite. Voyez ce que nous venons de dire de la nécessité de cette vertu.

(*c*) C'est par la Foi qu'on voit les vérités salutaires. Sans elle, plus on veut aprofondir les mystéres, plus on s'expose à s'égarer. Saint

plicité a purifié nos cœurs, plus auſſi devons nous faire tous nos efforts (a) pour parvenir à la connoiſſance la plus claire & la plus (b) évidente de la véri-té. Car c'eſt d'elle même que nous apre-

Matt. 5. 8.

nons qu'*heureux ſont ceux dont le cœur eſt*

Paul dit, en parlant des hérétiques, qu'ils étudient ſans ceſſe, & qu'ils ne parvien-nent jamais à la con-noiſſance de la vérité.

(a) C'eſt un devoir de s'inſtruire des myſtéres de la Reli-gion, à la lueur du flambeau de la foi. Mais ce ſeroit s'ex-poſer a voir éteindre ce flambeau que de

chercher à s'inſtruire dans les livres des en-nemis de l'Egliſe.

[b] La Foi eſt obſcure, & par conſéquent la connoiſſance que nous avons des Myſtéres de la Religion l'eſt auſſi. Comment donc pou-rions nous parvenir à cette connoiſſance très évidente de la vérité dont parle ici St. Auguſ-tin ? Nous répondons à cette queſtion, 1°. que quoique la Religion & ſes Myſtéres ſoient obſ-curs en eux mêmes, ils ſont évidens, d'une évidence que l'Ecole apelle extrinſeque. Leur vérité eſt demontrée par la force des motifs de credibilité, qui en en conſtatant l'exiſtence, n'en ôtent pas l'obſcurité. 2°. Que quoique le Myſtére ſoit obſcur en lui-même, la liaiſon de la conſéquence qu'on en tire peut être évidente. Par exemple, le Myſtére de la Nativité de J.C. eſt obſcur. Mais ſupoſé ce Myſtére, ce raiſon-nement devient ſans replique, ou c'eſt J.C., ou c'eſt le monde qui ſe trompe. J.C. ne ſe trompe point dans le mépris qu'il fait des ri-cheſes, c'eſt donc le monde qui ſe trompe dans l'empreſſement qu'il a d'en acquerir.

[a] Il paroit que ce sont les dimensions de la charité que St. Paul décrit ici. Quelques Traducteurs, du nombre desquels est le Pere Quesnel, voulant fixer le sens de l'Apôtre, ont ajouté à son texte ces mots, *de ce mystère.* Mais le respect qu'on doit avoir pour les Livres sacrés paroit exiger que ces additions ne se trouvent que dans le Commentaire. En expliquant de la charité ces dimensions, on peut dire que sa hauteur consiste en ce qu'elle nous éléve jusqu'à Dieu ; sa largeur, en ce qu'elle s'étend à toutes les créatures, & à nos ennemis même, que nous devons aimer pour Dieu ; sa longueur, en ce qu'elle doit toujours subsister, & dans le tems & dans l'Eternité ; sa profondeur en ce que sont profondément siécle.

pur, parce qu'ils verront Dieu .. Afin qu'étant enracinés & affermis dans la charité nous puissions comprendre avec tous les Saints qu'elle en est (a) *la largeur, la longueur, la hauteur & la profondeur, & connoître aussi la charité de J. C. laquelle est bien au-dessus de nos connoissances, pour que nous soyons remplis de Dieu pleinement,* & qu'après avoir combattu de cette sorte notre ennemi invisible, puisque *le joug du Seigneur est doux, & que son fardeau est leger* pour ceux qui le portent de bon cœur & avec amour, nous puissions mériter la couronne qui doit être le prix de la victoire.

Ephes.
3. 17.
18. 19.

ses inéfables prérogatives cachées aux esclaves du

FIN

www.ingramcontent.com/pod-product-compliance
Lightning Source LLC
Chambersburg PA
CBHW052059090426

42739CB00010B/2249